विवेकवादी डॉ. नरेंद्र दाभोलकर

अनुवाद
डॉ. प्रकाश कांबले

प्रधान सम्पादक
डॉ . सुनीलकुमार लवटे

सम्पादक एवं समन्वयक
डॉ. चंदा सोनकर

सार्थक
राजकमल प्रकाशन का उपक्रम

साधना प्रकाशन द्वारा अगस्त, 2016 में प्रकाशित मूल मराठी पुस्तक *प्रश्न तुमचा, उत्तर दाभोलकरांचे* का हिन्दी अनुवाद

ISBN : 978-93-88933-65-0

मूल्य : ₹ 150

पहला संस्करण : 2019

सार्थक
राजकमल प्रकाशन का उपक्रम

प्रकाशक
राजकमल प्रकाशन प्रा. लि.
1-बी, नेताजी सुभाष मार्ग, दरियागंज
नई दिल्ली-110 002

शाखाएँ
अशोक राजपथ, साइंस कॉलेज के सामने, पटना-800 006
पहली मंजिल, दरबारी बिल्डिंग, महात्मा गांधी मार्ग, इलाहाबाद-211 001
36 ए, शेक्सपियर सरणी, कोलकाता-700 017
वेबसाइट : www.rajkamalprakashan.com
ई-मेल : info@rajkamalprakashan.com

मुद्रक
बी.के. ऑफ़सेट
नवीन शाहदरा, दिल्ली-110 032

VIVEKWADI DR. NARENDRA DABHOLKAR
Edited by Dr. Sunil Kumar Lavte

सम्पादकीय

समाजसेवी तथा अन्धश्रद्धा निर्मूल समिति के सचिव डॉ. नरेंद्र दाभोलकर की 20 अगस्त, 2013 को दिनदहाड़े अज्ञात बन्दूकधारियों ने गोली मारकर हत्या कर दी। हत्या करनेवाले न आज तक पकड़े गए हैं और न ही पकड़े जाने की सम्भावना है। कोर्ट द्वारा बार-बार फटकारने के बावजूद भी न सरकार कुछ कर पा रही है, और न ही हमारी पुलिस, और न ख़ुफ़िया एजेंसियाँ। लेकिन महाराष्ट्र का विवेकवादी तथा जाग्रत समाज मात्र इस बात को भलीभाँति जानता और समझता है। यह वही समाज है जो दाभोलकर और उनकी विचारधारा को जीवित रखना चाहता है, उसका प्रचार-प्रसार करना चाहता है। दाभोलकर की विचारधारा में विवेकवादी तथा विज्ञाननिष्ठ समाज का सपना है। भारतीय संविधान में वैज्ञानिक दृष्टिकोण को नागरिकों का मौलिक अधिकार माना गया है। यह देश तथा व्यक्ति की उन्नति का महत्त्वपूर्ण माध्यम है। प्राचीन भारतीय परम्परा में चार्वाक, भगवान बुद्ध, महावीर, कबीर आदि सन्तों तथा चिंतकों ने कार्य-कारण भाव के आधार पर व्यक्ति, समाज,धर्म की समीक्षा कर उसे विवेकवादी तथा विज्ञाननिष्ठ बनाने की पहल की। महाराष्ट्र में सन्त तुकाराम, सन्त ज्ञानेश्वर, सन्त गाडगेबाबा, महात्मा फुले, महर्षि विट्ठल रामजी शिंदे, स्वातंत्र्यवीर सावरकर, राजर्षि शाहूजी महाराज तथा डॉ. बाबासाहब आदि चिंतकों तथा सुधारकों ने इसी परम्परा को आगे बढ़ाया। डॉ. नरेंद्र दाभोलकर ने भी इसी परम्परा को आगे ले जाने का कार्य किया है।

हम जानते हैं कि डॉ. दाभोलकर और उनका आन्दोलन मानो एक सिक्के के दो पहलू हैं। महाराष्ट्र में तो अंनिस शब्द के उच्चारण के साथ डॉ. दाभोलकर का नाम अनिवार्य रूप से लिया जाता है। डॉ. दाभोलकर ने समिति के कार्य

और विचारधारा को जनसामान्य तक पहुँचाने के उद्देश्य से दर्जन-भर से अधिक किताबों का सृजन किया। उनका साहित्य उपदेश नहीं करता। यथार्थ स्थिति से अवगत करते हुए बदलाव की अपेक्षा रखता है। प्रस्तुत किताब डॉ. नरेंद्र दाभोलकर द्वारा लिखित चार लेखों और एक दीर्घ साक्षात्कार का संकलन है। पहले लेख में 'समाजवादी युवक दल' की स्थापना और उसके कार्य का विवेचन है। दलित, मज़दूर तथा कुली संगठन के निर्माण के साथ पनघट आन्दोलन, समता मोर्चे, लाँग मार्च, आपातकाल का विरोध, औरंगाबाद विश्वविद्यालय नामांतर (डॉ. बाबासाहब आंबेडकर मराठवाडा विश्वविद्यालय) आदि आन्दोलनों में डॉ. दाभोलकर तथा समिति के योगदान की चर्चा की है। इसमें उनके वैयक्तिक तथा पारिवारिक जीवन में आये तनावों तथा संघर्षों का भी वर्णन है। इसी लेख में वे जयप्रकाश नारायण द्वारा 'कुछ करो या बनो' की सलाह को याद करते हुए कॉलेज जीवन के विविध आन्दोलनों तथा क्रीड़ा जीवन की यादों को प्रस्तुत करते हैं।

डॉ. दाभोलकर कबड्डी के अन्तरराष्ट्रीय खिलाड़ी थे तथा मराठी में कबड्डी खेल पर लिखी गई एकमात्र किताब उनके नाम पर दर्ज है। 'संघर्ष के मोर्चे पर' लेख में बुवा-बाबा द्वारा चलाये गए गुरुडम जैसे अन्धविश्वासों तथा समिति द्वारा इसके विरोध में किये गए आन्दोलनों का विवेचन है। ऐसे अन्धविश्वासों के ख़िलाफ़ आन्दोलन कर चुनौती प्रक्रिया पूरी करते समय समिति के कार्यकर्ता कौन सी सावधानियाँ बरतें, इसका मार्गदर्शन है। 'कौल विवेक का' लेख में वैज्ञानिक दृष्टिकोण तथा विवेकवाद के आधार से जीवन की उन्नति सम्भव है तथा इन्हीं हथियारों से हमें गुरुडम के ख़िलाफ़ संघर्ष कर समाज को अन्धविश्वास से मुक्त करने का सन्देश देते हैं। 'एक अनंत यात्रा' एक प्रकार से उनकी तथा अन्धश्रद्धा निर्मूलन समिति की जीवन-यात्रा ही है। इस यात्रा में अंनिस के कार्य की शुरुआत, उसका विस्तार तथा महाराष्ट्र की जनता के मन में जाग्रत किए गए विज्ञाननिष्ठ तथा विवेकवादी दृष्टिकोण का विवेचन है। समिति की कार्यपद्धति, प्रशिक्षण, कार्यकर्ताओं का अनुशासन, साहस से जनमानस के मन में समिति के प्रति रहे आदर तथा सम्मान का भी विवेचन है। समाज को गुमराह करनेवाले धर्म तथा उसके ठेकेदारों को चुनौती देना, संविधान के दायरे में रहकर इनका विरोध करना, आन्दोलन तथा चुनौतियों के साथ-साथ वैचारिक लेखन कर समाज को अन्धविश्वास उन्मूलन

के कार्य से जोड़ने का कार्य डॉ. दाभोलकर ने किया है। इस यात्रा में वे अपने जीवन के महत्त्वपूर्ण पहलुओं को उजागर करते हैं। जैसे—पिछली यादों में रमे न होना, किसी भी क्षेत्र में विवाद के समय आर या पार की पद्धति से विरोध न करना, अनुशासन को बनाये रखना, किसी भी प्रकार की धमकियों से विचलित न होना तथा ईमानदारी से अपने कार्य से जुड़े रहना आदि।

'सवाल आपके उत्तर दाभोलकर के' यह विनोद शिरसाठ (साधना साप्ताहिक के सम्पादक) द्वारा डॉ. दाभोलकर का लिया गया दीर्घ तथा लम्बा साक्षात्कार है। इसमें महाराष्ट्र के कोने-कोने से विविध लोगों द्वारा पूछे गए हज़ारों प्रश्नों में से चुने गए पच्चीस प्रश्नों के दाभोलकर द्वारा विस्तार से दिए गए उत्तर हैं। समिति की स्थापना, उद्देश्य तथा कार्य पद्धति, विज्ञानवादी तथा विवेकवादी दृष्टिकोण, बुवा-बाबा तथा गुरुडम आदि अन्धविश्वासों का विरोध, समिति पर लगाये गए आरोप, समिति द्वारा चलाए गए विविध आन्दोलन, चुनौतियाँ आदि का विस्तार से विवेचन है।

क्रम

समाजवादी युवक दल

कॉलेज के दिनों में सामाजिक कार्य करने की कल्पना मन में उछलती रहती। अब लगता है कि वह बहुत भोली थी। घर में कभी-कभी तर्कतीर्थ लक्ष्मणशास्त्री, प्रा. मे. पु. रेगे, प्रा. भणगे का आना-जाना रहता था। उनकी बड़े भाई (देवदत्त दाभोलकर) के साथ होती चर्चा से विचारों की ख़ुराक मिलती थी। समाजवादी परिवार के लोगों का भी यथाप्रसंग आना-जाना रहता, उसका भी प्रभाव था। वैसे सांगली ज़िला राजनीतिक दृष्टि से बड़ा जाग्रत है, वहाँ के कई लोग बड़े भाई के साथ चर्चा करने आते थे। उनकी चर्चाओं को सुनकर, कुछ करने की इच्छा होती।

जिस वर्ष मैंने एम.बी.बी.एस. की परीक्षा उत्तीर्ण की, उसी वर्ष की दो घटनाओं से मैं प्रभावित हुआ। उस समय कुमार सप्तर्षि युवक क्रांति दल का नेता था। बिहार में अकाल से सम्बन्धित कार्य तथा कॉलेजों में बढ़ती फीस के विरोध में किए आन्दोलन से पुणे में उसके नाम की चर्चा थी। वह विश्रामबाग सांगली में आया था। उसके कुछ व्याख्यान कॉलेज में आयोजित करने की मैंने पहल की थी। उस समय कुमार द्वारा आन्दोलन की दृष्टि से की गई विचारों की स्पष्ट तथा आकर्षक प्रस्तुति मेरे मन को बहुत ही आकर्षक लगी थी। दूसरी याद जयप्रकाश जी से सम्बन्धित है। वे 1979 के अखिल भारतीय सर्वोदय संघ के अधिवेशन के लिए सांगली में आनेवाले थे। उनके सड़सठवें जन्मदिवस के उपलक्ष्य में उन्हें सड़सठ हज़ार रुपए भेंट देना तय हुआ था। मेरे भाई उस समिति के सचिव थे। पत्नी प्रभादेवी के साथ आए जयप्रकाश जी के रहने की व्यवस्था हमारे घर के नज़दीक के कॉलेज के गेस्ट हाउस में की गई थी। उनकी मेहमानवाजी के लिए स्थानीय स्वयंसेवक के रूप में तीन दिन तक मैं उनके साथ था। लोग समूह में आकर जे.पी. के साथ अपनी तसवीर खिंचवाते थे।

कभी-कभार आग्रह कर प्रभादेवी को भी बुलाते थे। तीन दिनों में मेरी उनसे अच्छी तरह से जान-पहचान हो गई। उस समय उन दोनों के साथ तसवीर खिंचवाना बड़ा आसान था। लेकिन कौन जाने, मन में यह विचार आया कि 'क्या मेरी उतनी हैसियत है?' मैंने फोटो खिंचवाना टाल दिया। चौथे दिन जे.पी. को लेकर जब गाड़ी जा रही थी, उस समय किसी कारणवश मैं घर पर ही था। घर के सामने से जाते समय कुछ याद कर जे.पी. ने गाड़ी रुकवा दी और साथ रहे मेरे भाई से कहा, 'तुम्हारे भाई से विदा लेना रह गया।' भाई ने मुझे आवाज़ लगाई। गाड़ी का काँच नीचे कर जे.पी. ने मेरा हाथ अपने हाथ में लेकर, तीन दिनों की स्वयंसेवक की सेवा के लिए धन्यवाद देते हुए कहा, 'कुछ बनो।' इससे कई दिनों तक अस्वस्थ रहने की बात मुझे याद है।

1971 में इंटर्नशिप पूरी कर मैं सतारा गया। सतारा मेरा गाँव है, जहाँ के शिवाजी उदय मंडल का मैं जाना-पहचाना कबड्डी का खिलाड़ी हूँ। क्रीड़ा मंडल में कई युवा रहते थे। वे निश्चित रूप से मदद के लिए तैयार रहते थे। स्वाभाविक रूप से उनका उपयोग सामाजिक कार्य के हेतु सहजता से होनेवाला था। लेकिन क्रीड़ा संस्था का रुख़ कांग्रेसी था। चुनाव के समय वे निश्चित तौर पर वही काम करते जो यशवंतराव चव्हाण बताते। इसलिए संगठन नए नाम से खड़ा करना तय किया। 'समाजवादी युवक दल' का निर्माण हुआ, जिसका उद्देश्य था समाजवाद, माध्यम थे युवा और साधन था दल। यह कल्पना वैचारिक तथा व्यावहारिक दृष्टि से अस्पष्ट सी थी। स्थापना की बैठक मंडल के कार्यालय में ही सम्पन्न हुई। विविध विद्वानों के समाजवाद पर लिखे लेख संकलित कर सम्पादित की गई 'समाजवाद : प्रेरणा और प्रक्रिया' किताब हाल ही में प्रकाशित हुई थी। इसका लाभ संगठन की नीति तय करने में हुआ। उस समय यह किताब काफ़ी वजनदार, उपयोगी लगी थी। स्थापना के समय दि. के. बेडेकर आए थे। शाम को उनका भाषण तथा बौद्धिक चर्चा रात में हुई। रात के नौ बजे साठ-सत्तर युवाओं को समाजवाद को सुनने के लिए उपस्थित देख उन्हें बड़ी ख़ुशी हुई। ये युवा विचारों के सरोकार से ज़्यादा क्रीड़ांगन के मजबूत रिश्ते से इकट्ठा हुए हैं, इस यथार्थ को मैं उन्हें बता न पाया।

उस समय मैं सतारा से छः मील दूर परली गाँव में वैद्यकीय अधिकारी था। मेरे अधीनस्थ छः उपकेंद्र थे। उसमें एक मानेवाडी था। हर उपकेंद्र में एक नर्स और उसकी सहायक के रूप में एक दाई रहती। मानेवाडी की दाई उसी गाँव

की थी। उसका उपनाम था कांबले (कांबळे)। उससे मुझे पता चला कि, गाँव के कुएँ पर उसकी जाति के लोगों को पानी भरने नहीं दिया जाता, ऊपर से दिया जाता है। उसी समय समाजसेवी बाबा आढाव का 'पनघट आन्दोलन' ज़ोरों पर था। मानेवाडी में 'एक गाँव-एक पनघट' आन्दोलन करना तय हुआ। दलित बस्ती में बैठकें बुलाईं। इसे लेकर गाँव में दबाव था। लोग मानने के लिए तैयार नहीं थे। अन्त में कुछ बैठकों के बाद उनमें विश्वास आया। जुलूस निकालकर कुएँ का पानी भर लिया। दूसरे दिन दलितों पर बहिष्कार डाला गया। गाँव में उन्हें न काम मिला न अनाज। सारे दलित तितर-बितर होकर सतारा आए। उन्हें लेकर मैं कलेक्टर के पास गया। मैं सरकार में क्लास टू ऑफ़िसर था और कलेक्टर क्लास वन। अपने अधीनस्थ अधिकारी द्वारा इस प्रकार का प्रतिनिधि मंडल लेकर आना, उन्हें नियम का उल्लंघन लगा। इससे वे नाराज़ हुए। मैंने उनसे मिलकर कुछ करने की विनती की। सामाजिक समता के लिए गाँव के मराठा मतदाताओं को नाराज़ करना उन्हें उचित नहीं लग रहा था। उन्होंने हमें ही भला-बुरा कहा, "इस प्रश्न को सुलझाने में महात्मा फुले ने घुटने टेक दिए, महात्मा गांधी हार गए और आजकल के छोकरे चले आए अक्लमन्दी दिखाने।"

मेरा नसीब अच्छा था कि मैंने सरकारी नौकर होने की जानकारी उन्हें नहीं थी। घटना के चार दिनों बाद समाज कल्याण मंत्री, दादासाहेब रूपवते सतारा के दौरे पर आए। उन्होंने डीएसपी को कठोर भूमिका निभाने के लिए मजबूर किया। इससे हम बच गए। उस समय इस बात का एहसास हुआ कि, हम जिस क्षेत्र में काम कर रहे हैं, वह व्यापक, गहरा तथा संकटों से भरा है।

उत्साह में की गई ग़लतियों से संकट खड़े होते हैं, इसे इन्हीं शुरुआती दिनों में हमने सीख लिया। ख़बर थी कि, विधायक बनातवाला ने वंदे मातरम् कहने से इनकार किया। इससे चिढ़कर पुणे के युवाओं ने 'इस देश में रहना होगा, तो वंदे मातरम् कहना होगा' के पत्रक सभी ओर लगाए। हमारे कुछ जोशीले कार्यकर्ताओं को वह कार्यक्रम पसन्द आया। उन्होंने 'वंदे मातरम् देश की पुकार, जो न बोले वो गद्दार' जैसी घोषणाओं के पोस्टर्स छापवाए। उसके नीचे प्रकाशक का नाम डालने की बात वे जानते नहीं थे। चालाक मुद्रक ने अपने प्रेस का नाम भी नहीं छापा था। दीवारों तथा वाहनों पर पोस्टर्स चिपकाने का कार्यक्रम बड़ी धूमधाम से पूरा हुआ। सुबह डीएसपी का सन्देश लेकर जीप आई। गुनाह यह था कि वातावरण ख़राब करनेवाले पत्रक छपाई के नियमों को तोड़कर छापे गए थे।

गुनाह करनेवाला राजपत्रित अधिकारी था। गुनाह कबूल किया। सज़ा मिलना तय था। नौकरी से निलम्बित होना स्वाभाविक था। डीएसपी अच्छा आदमी था। उसने कहा, 'आप नौकरी न करनेवाले किसी भी दूसरे व्यक्ति का नाम मुझे बता दीजिए। मुझे एतराज़ नहीं होगा।' लेकिन ज़िम्मेदारी से भागना मुझे स्वीकार नहीं था। दोपहर तक वातावरण तणावपूर्ण बना। शान्तता समिति की बैठक बुलाई गई। गाँव के कई मुस्लिमों ने मेरे ऊपर मुक़दमा दायर करने का विरोध किया। इससे डीएसपी को अपनी ज़िद छोड़नी पड़ी।

इस प्रकार के आन्दोलन से मंडल के साथ खिलाड़ी के रूप में सम्बन्ध रहने पर भी कार्यकर्ताओं को रसद मिलना बन्द हो गया। यह उनके कांग्रेसी पिंड के अनुकूल नहीं था। जयप्रकाश जी का बिहार का आन्दोलन धीरे-धीरे आकार ग्रहण कर रहा था और 'युक्रांद' के नाम से काम करनेवाला छोटा गुट उसकी ओर खिंचा जा रहा था। उसी समय तेल की क़ीमतों में भारी उछाल आया था। पुणे-मुम्बई में शिवसेना तथा अन्य कुछ संगठनों ने तेल कारखानों के भंडारों को घेर कर, और क़ब्ज़े में लेकर, उसे कम दाम में बाँटने का छापा-तंत्र अपनाया था। यह आन्दोलन बिल्कुल प्रासंगिक और अधूरे विचारों पर आधारित था, और क्षणिक आकर्षित करनेवाला था। सावन मास होने के कारण तेल के दामों में वृद्धि के साथ उपवास की चीज़ों को भी हमने आन्दोलन में शामिल किया था। बहुत सारे युवा रास्ते पर उतर आए। उसमें मुख्यत: मंडल के युवा ही अधिक थे। आन्दोलन की सफलता का क्षणिक आभास हुआ। आगे बढ़ना तय होने पर मंडल के युवा अध्यक्ष की सूचना से बाहर निकले। आन्दोलन मानो शक्तिहीन बन गया। इसी समय मुझे अपने शक्तिसंचय की पहचान निर्णायक रूप से महसूस हुई।

आगे आपातकाल की घोषणा हुई। मंडल से रिश्ता टूट गया। वैचारिक स्पष्टता बढ़ने लगी। लगातार दो साल आयोजित किए गए कुरुंदकर के वैचारिक शिविर आँखें खोलने वाले सिद्ध हुए। आपातकाल विरोधी भूमिका से हम किस गुट के हैं इसकी सन्दिग्धता ख़त्म हुई। आपातकाल का हमने सक्रिय विरोध किया। पत्रक बाँटना, दीवारों पर चिपकाना, भूमिगत कार्यकर्ताओं को घर में आश्रय देना, पैसा इकट्ठा करना, जैसे जोखिम हमने उठाए। आज लगता है कि, आगे जाकर जो नौकरी का मोह छोड़ दिया था वह आपातकाल में ही छोड़कर सत्याग्रह करना चाहिए था। ना कहते हुए भी हमेशा बेचैनी रही। अर्थात जो किया वह पुलिस द्वारा गिरफ़्तार होने के लिए काफ़ी था। पन्नालाल सुराणा भूमिगत बनकर

कुछ दिन मेरे ही घर में रहे। आते समय वे ढेर सारी प्रचार सामग्री लेकर आए थे। उससे अलमारी पूरी तरह से भरी थी। दो दिनों बाद पन्नालाल के सतारा में होने की ख़बर पुलिस को मिल गई। स्थानीय सीआईडी इन्स्पेक्टर मुझे मिलने के लिए घर पर न आकर आईआईटी में आया जहाँ मैं अधिकारी था। दो घंटे तक पूछताछ चलती रही। अलग-अलग तरह से कई प्रश्न पूछे गए। "पन्नालाल के सतारा में आने की ख़बर सच है, लेकिन वे कहाँ ठहरे? आप ही के घर में रहने की सम्भावना बहुत ज़्यादा है।" अन्ततः मैंने ही उनका अस्थायी समाधान किया। यदि घर आकर सहज ही कोई भी अलमारी खोली होती तो उनका पूरा समाधान हो जाता।

उस समय इंदिरा जी ने संविधान संशोधन पर चर्चा की बात उठाई थी हमने चर्चा के आयोजन की अनुमति माँगी थी। बड़े कष्ट उठाने पड़े। अन्ततः परिसंवाद की घोषणा हुई। संविधान संशोधन के विरोध में बोलनेवाला मैं अकेला ही था। बाक़ी लोग अपनी-अपनी सुविधा के अनुसार अनुपस्थित रहे। संविधान संशोधन की तरफ़दारी करने के लिए ज़िले के दो नामांकित वकील थे। उनके बाद मेरा भाषण हुआ। मेरा भाषण उग्र रहा। मैंने इंदिरा जी का नाम लेकर उन पर टीका की। उस रात मेरे पकड़े जाने पर किसी के भी मन में आशंका न थी। लेकिन कौन जाने कैसे बच गया।

पहले निर्माण फिर संघर्ष, या पहले संघर्ष फिर निर्माण, या संघर्ष की नींव मजबूत करने के लिए संघर्ष जैसे वाद जयप्रकाश जी के आन्दोलन के समय हमेशा चलते रहते थे। उसका एक व्यावहारिक जानलेवा अनुभव आपातकाल में मिला और तत्त्वमंथन को व्यवहार से अपने आप उत्तर मिला। आपातकाल में प्रत्यक्ष संघर्ष करना कठिन था, इसलिए हम बीस कलमों के सहारे दलितों की ज़मीन छुड़ाने तथा प्रत्यक्ष खेती करने का कार्यक्रम चला रहे थे। हमने सतारा से छः मील दूर गवडी गाँव के दलित की बारह एकड़ गिरवी रखी ज़मीन छुड़ाई। जोताई-बुआई के लिए बैंक से मदद ली। और भी कुछ प्रयास चल रहे थे। दलित हम पर बेहद ख़ुश थे। आपातकाल का विरोध जारी रखकर इस प्रकार का रचनात्मक कार्यक्रम जारी रखने से हम भी ख़ुश थे। इसी समय एस.एम. जोशी सतारा आए। आपातकाल में घूमते समय गाँवों में और विशेषकर दलित बस्ती में जाकर उनसे बातचीत करने पर उनका विशेष बल था। दलितों की मदद करनेवाले कांग्रेस समर्थक बैंक को इसकी जानकारी मिली। उसने दलितों को आर्थिक मदद

बन्द करने सम्बन्धी बात करते हुए धमकाया कि, एस. एम. जोशी यहाँ नहीं आने चाहिए। डरे हुए दलित हमारे पास आए। हम उनके लिए परिश्रम करते हैं, इसकी जानकारी होने के कारण तय कार्यक्रम बन्द करना उन्हें अच्छा नहीं लग रहा था। बैंक द्वारा पाबन्दी लगाने पर खेती की बुआई-जोताई नहीं हो पाती। उनके लिए यह हानिकारक था। आण्णा को यह सब समझाना कठिन था। जब उन्हें गवडी का कार्यक्रम रद्द होने की सूचना दी तो उन्हें लगा कि यह आपातकाल के डर से लिया गया फ़ैसला है। उन्होंने कहा कि 'कोई आए न आए, मैं अकेला ही चला जाऊँगा।' हमारी तो बड़ी विचित्र अवस्था हो गई। अन्त में हमने दलितों की मानसिकता उन तक पहुँचाई। कार्यक्रम रद्द हुआ। लेकिन तब से मैं सचेत हुआ कि राजनीतिक समझ की बलि चढ़ाकर केवल विधायक कार्यक्रम कभी नहीं करने चाहिए। नहीं तो हम भी कब कांग्रेसवाले बने, इस बात का पता न चल पाएगा।

रचना और संघर्ष के समान किया गया दूसरा प्रयोग वर्ग और वर्ण संघर्ष का था। आर्थिक शोषण के ख़िलाफ़ केवल वर्ग संघर्ष उपयुक्त नहीं और जातीय विषमता के ख़िलाफ़ वर्ण संघर्ष भी अधूरा है, ऐसे में दोनों को मिलाकर संघर्ष की दीवार खड़ी करें। यह एक नया विचार था। इसकी व्यावहारिक प्रतीति के लिए सतारा से बीस मील दूरी पर कोरेगाँव तहसील के भाड़ले इलाके में खेत मज़दूरों को संगठित करना तय हुआ। शनिवार की दोपहर ऑफ़िस में अनुपस्थित रहकर इस काम के लिए निकलता था। किन्हई नदी में मोटर घुसेड़कर कच्ची सड़क से भाड़ले पहुँचता। कोई भी समझदार आदमी इस रास्ते से अपनी गाड़ी लेकर जाने का साहस नहीं करेगा। ऐसे कंकड़-पत्थरों पर गाड़ी चलाकर 'रोज़गार हमी योजना' के काम तक पहुँचता। मज़दूरी करनेवाली स्त्रियों से बातचीत करता। उनके साथ ही किसी अहाते या बस्ती में मुक़ाम करता। रात के समय बैठक का आयोजन करता। सुबह युवाओं को समझाता। यह सिलसिला लगातार डेढ़ साल तक चला। शनिवार-रविवार को छुट्टी पाने वाले साथी भी मदद के लिए आते। गाँव में रात्रि का मुक़ाम अधिकतर बौद्ध बस्ती में ही करता। लोगों को रोज़गार का विकल्प देने के लिए सतारा से चरखे लेकर आया। 'रोज़गार हमी योजना' की सुविधाएँ प्राप्त करना, काम की नई जगहों को ढूँढ़ना भी शुरू था। इतना कुछ करने के बावजूद भी डेढ़ साल में हाथ कुछ न आया। जाति व्यवस्था से सबंधित प्रश्नों पर भी कुछ काम नहीं हुआ। आज मन में विचार आता है कि, बहुत गहराई से विचार कर काम की शुरुआत करनी चाहिए थी। और हमें

निश्चित करना चाहिए कि क्या करना है? क्या सप्ताह में केवल डेढ़ दिन का समय निकालकर खेत मज़दूरों का आन्दोलन खड़ा करना सम्भव है? इलाके में कितने खेत मज़दूर हैं? उनमें दलित कितने हैं? जातीय शोषण के कौन से प्रश्न अधिक गम्भीर हैं? गाँव के सधन और राजनीति से जुड़े लोगों से हम निश्चित विरोध कैसा करेंगे? जैसी बातों पर विचार ही नहीं हुआ या हुआ भी तो केवल प्रासंगिक रूप में। इसके परिणामस्वरूप काम खंडित हुआ।

सतारा शहर में कुली-संगठन के निर्माण का प्रयत्न भी इसी तरह से असफल रहा। सारे कुलियों को इकट्ठा कर मुद्दे समझाए, संगठन के बिल्ले दिए। इससे बात न बनने की बात हमारी समझ में आई। सतारा शहर में बड़ा मार्केट यार्ड न होने के कारण कुलियों के मालिक अलग-अलग थे। हमालों को अपने अधिकार में रखने सम्बन्धी उनकी तरकीबें तथा धमकियाँ अलग प्रकार की थीं। इसका मुक़ाबला करना बड़ा कठिन था। आज तक सतारा शहर में यह कोई कर नहीं पाया है। लेकिन ऐसा लगता है कि हमने यह प्रयत्न भी अधूरी तैयारी से किया था।

इस तुलना में सामाजिक आन्दोलन की लड़ाई मात्र हमने बड़ी शिद्दत से आगे बढ़ाई। हर साल आसपास के गाँवों में समता-मोर्चा निकालते। गाँव का सामाजिक सत्य सब के सामने ज़ाहिर करते। उसका समाचार-पत्रों में भी बड़ा बोलबाला होता। चवदार तालाब सत्याग्रह के पचास साल पूरे होने के उपलक्ष्य में हमने सतारा से महाड़ तक पदयात्रा निकाली। समता की लड़ाई के पचास साल बाद भी महसूस होने वाला सामाजिक यथार्थ का घमंड मन में गाँठ पैदा करनेवाला था। इससे ही त्रिपुटी परिषद का आयोजन हुआ। त्रिपुटी सतारा से सात मील की दूरी पर बसा छोटा गाँव। वहाँ चवदार तालाब की तरह ही फैला हुआ सुगठित तालाब। इस तालाब का पानी पीने की आज़ादी जानवरों को थी लेकिन दलितों के स्पर्श से मात्र यह अपवित्र बनता। छः महीनों से आसपास के गाँवों-कस्बों में सत्याग्रह की तैयारी चल रही थी। वातावरण में बहुत तनाव था। अपने चुनावी क्षेत्र में हमारी यह दख़लअन्दाज़ी देख स्थानीय विधायक बड़े ग़ुस्सा हुए। बाद में सचेत हुए। हमारे ज़ाहिर सत्याग्रह के पहले ही आनन-फानन एक कार्यक्रम का आयोजन कर उन्होंने पनघट सभी के लिए खुला करने की घोषणा की। इससे हमारा घमंड टूटेगा ऐसी उनकी धारणा थी। लेकिन हुआ उलटा ही। उनका ढोंग जानकर आसपास के गाँवों से समूहों में लोग आए। बहुत बड़ी परिषद सम्पन्न हुई। तालाब खुला

होने का आनन्द गद्गद करनेवाला था। लेकिन पूरे गाँव को साथ लेकर यह निर्णय लेने का हमारा प्रयास असफल हुआ। यह सत्याग्रह मानो गाँववालों के कलेजे पर हमला था। आगे मेले के समय मुंबई से गाँववाले आए। हर दिन आग्रहपूर्वक तालाब से पानी भरनेवाले रामोशी शिवाजी चव्हाण को सबक सिखाना तय हुआ। इस सम्बन्ध में मन्दिर में कस्में ली गईं। उसी रात शिवाजी दौड़ता हुआ सतारा आया। सुबह सात बजे हम गाँव पहुँचे और वहाँ का झगड़ा मिटाया। इसी अनुभव से ही आगे नामांतर के लिए (मराठवाडा विश्वविद्यालय का नामकरण डॉ. बाबासाहब आंबेडकर मराठवाडा विश्वविद्यालय) सतारा-औरंगाबाद पैदल लाँग मार्च निकालने की कल्पना सूझी। सतारा में डॉ. बाबासाहब आंबेडकर की माँ रमाबाई की समाधि है। वहाँ ज्योति जलाई। उसे लेकर सतारा-बारामती-पुणे-नगर के रास्ते पैदल गए। नगर में गिरफ़्तारी हुई। तब तक सभी गावों में अच्छी सभाएँ हुईं।

पनघट आन्दोलन, समता मोर्चा, लाँग मार्च आदि में सवर्णों के साथ खुले संवाद की भूमिका थी। उकसानेवाले अनुभव आए। हमेशा का ऊँघनेवाला भाषण या ढाँचाबद्ध बोलने के बजाय मूल्य परिवर्तन के लिए संवाद हो सकता है; लोग बोलते हैं, ग़ुस्सा होते हैं, धमकाते हैं, साथ ही समझ भी लेते हैं, कुबूल करते हैं, बदलते हैं, इसकी भी प्रतीति मिली।

वैसे नामांतर और पानी का न्याय, दोनों ही प्रतीकात्मक थे। लेकिन दलितों को प्रत्यक्ष रूप से कुछ देने का प्रसंग आने पर सवर्ण लोग किसी की जान लेने पर आमादा होते हैं, इसकी अनुभूति भाटपरली में हुई। सत्वशीला सोनावणे की महार इनामी वतन की ज़मीन थी। यह ज़मीन तहसीलदार ने क़ानूनन लिखित रूप में उसे दी थी। लेकिन ज़मीन का मालिक ज़मीन में आने नहीं दे रहा था। मैं उस गाँव में गया। मालिक से भेंट की। उसने धमकाया—"ज़मीन में पैर रखकर तो देखें शिश्न काट दूँगा। जान से मार दूँगा। मेरे पाँच बेटे हैं उनमें से एक फाँसी पर भी चढ़ा तो मुझे इसकी परवाह नहीं है। उसे फाँसी कैसे होगी, कोर्ट से उसे कैसे छुड़ाना है, हम सब जानते हैं।" बात इतनी आगे बढ़ने पर हमने तय किया कि आसपास के गाँवों से भारी संख्या में लोग इकट्ठे कर उसकी खेती में घुस जाएँगे। सत्याग्रह की घोषणा से क़ानून-व्यवस्था का प्रश्न निर्माण हुआ, इससे तहसीलदार डर गया। उसने ख़ुद पीएसआई के साथ हमें ले जाकर अपवादात्मक दिखाई देनेवाला सरकारी झटका दिखाकर ज़मीन पर क़ब्ज़ा दे दिया।

अब दलितों का आन्दोलन ही मेरे लिए मुख्य विषय बना। मेरी ब्राह्मण जाति मुझसे ज़्यादा मेरे साथियों के लिए बाधा बनी। "यह ब्राह्मण तुम्हारे साथ कैसे? उसे तुमसे इतना लगाव कैसे?" जैसे प्रश्नों के उत्तर उन्हें देने पड़े। मुझे लगता है कि जाति नष्ट करना बड़ा कठिन काम है फिर भी उपर्युक्त प्रश्नों से झलकता अविश्वास और दूरी भी आजकल बहुत कम हुई है। अब तो ज़िले की किसी भी दलित बस्ती में अपने आदमी के रूप में मेरा स्वागत होता है। ज़िले के किसी भी दलित पर अन्याय होने पर, वे यह मामला लेकर संगठन या मेरे पास आते हैं। मेरे लिए यह उपलब्धि अनमोल रही है।

जे.पी. का मानना था कि, यदि मौजूदा क़ानून पर ठीक से अमल किया तो भी आधी क्रांति पूरी होगी। मूलतः लोग क़ानून नहीं जानते। जानने पर भी अमल की इच्छा नहीं रखते। सामाजिक-सांस्कृतिक क्षेत्र में तो क़ानून का पालन कर लोकक्षोभ का बेकार का झंझट मोल लेने में शासन, मीडिया तथा नागरिक डरते हैं। इससे हमारे काम को 'बेवजह झंझट' कहकर आदर-सत्कार होता है।

देवदासी-प्रतिबंधक क़ानून 1934 में पारित हुआ। इसमें किसी भी आयु की युवती की उसकी इच्छा से ईश्वर से की जानेवाली शादी पर रोक लगाई। लेकिन मैंने इस क़ानून का आधार लेकर पहला मुक़दमा दायर किया। इसके लिए 1971 तक इन्तज़ार करना पड़ा। फलटण महानुभाव पंथ का प्रसिद्ध केंद्र है। महानुभाव पंथ में छोटी बच्चियों को संन्यासी की दीक्षा दी जाती है। इसके पहले उन्हें ईश्वर के साथ शादी करने की विधि करनी पड़ती है। वह विवाह की तरह ही संगीतमय समारोह होता है। फिर उसी मंडप में उस लड़की की चूड़ियाँ तोड़कर, कुंकम पोंछकर, हलदी के वस्त्र उतारकर, पूरे जीवनभर के लिए काले वस्त्र पहनाये जाते हैं। सिर का मुंडन किया जाता है। यह थोपा गया वैराग्य स्त्री सुलभ भावनाओं की होली कर जीवनभर सँभालना पड़ता है। ईश्वर से शादी किए बग़ैर आगे का संन्यास नहीं। यह शादी मूलतः ग़ैरक़ानूनी है। लेकिन जब हम गुनाह दाख़िल करने फलटण पुलिस थाने में गए तो वहाँ के बुजुर्ग पुलिस अधिकारी ने इस क़ानून की जानकारी न होने की बात कहीं। हमने उसे क्रिमिनल प्रोर्सीजर कोड दिखाया। उसने सतारा के डीएसपी को फोन लगाया। वे भी दुविधा में पड़ गए। रात्रि के बारह बजे सरकारी वकीलों को बुलाकर ख़ातिरजमा की। गुनाह दख़लपात्र था। रात दो बजे गुनाह दाख़िल किया गया। सुबह का विवाह रोका गया। दीक्षा देनेवाले मठाधिपति को कोर्ट के आगे खड़ा किया। कोर्ट ने फ़ैसला

होने तक विवाह पर रोक लगाई। महानुभाव का प्रमुख केंद्र रहे फलटण में ही नहीं पूरे महाराष्ट्र के इस पंथ में खलबली मच गई। मेरे निषेध के मोर्चे निकले, नाम से शोर मचाया। मुक़दमा वापस लेने के लिए विनती के साथ-साथ दहशत भी चल रही थी। मुक़दमा अभी स्टैंड नहीं हुआ है। इसके पूर्व के फ़ैसले की रूलिंग इसके लिए नहीं है। इसी फ़ैसले पर आगे की लड़ाई निर्भर है।

क़ानून का आधार न होनेवाली सामाजिक लड़ाइयाँ इससे भी अधिक कठिन रहती हैं। उसमें भी यदि सामनेवाला व्यक्ति जनमानस में पूजनीय हो तो बहुत भारी संकट। कांचीकामकोटी के शंकराचार्य चंद्रशेखर सरस्वती स्वामी महाराज 'वॉकिंग गॉड' के रूप में ख्यातिलब्ध थे। यह हमेशा भ्रमण करनेवाला ईश्वर। एक जगह पर तीन दिन से अधिक न रहनेवाला। वह सतारा के शंकराचार्य के मठ में आकर पूरे नौ महीने तक रहा। इससे सतारा मानो भक्तों की आधुनिक काशी बन गया। उनके दर्शन के लिए राष्ट्रपति संजीव रेड्डी और इंदिरा गांधी आए। इस गुरु से मिलने दूसरे शंकराचार्य जयेंद्र सरस्वती स्वामी महाराज आए। सतारा परिवर्तन के केंद्र के बदले शंकराचार्य का पीठ बनने का साधार डर लगने लगा। सभा-निदर्शन जैसे साधारण रास्तों से कुछ बननेवाला नहीं था। सबसे पहले चतुराई से शंकराचार्य का भेद खोलकर बाद में हो हल्ला करना चाहिए था। हमने तर्कतीर्थ लक्ष्मणशास्त्री के साथ शंकराचार्य के साक्षात्कार की माँग की। प्रश्न पहले ही दिए। साक्षात्कार शुरू होने पर चातुर्वर्ण्य, दलित आदि प्रश्नों को देख शंकराचार्य के दिमाग़ की बत्ती जल गई। उन्होंने पहले दी गई अनुमति अस्वीकार कर रिकॉर्डिंग बन्द करने को कहा। हमने हामी जताकर टेप थैले में शुरू रखा। शंकराचार्य का सारा सनातन समर्थन रिकॉर्ड हुआ। बाहर आकर सबूतों के साथ बोर्ड लगाए। बड़ी मात्रा में हड़कंप मच गया। अब काम तमाम करने के इरादे से हमने ज़ाहिर सभा का आयोजन किया। पुलिस ने अनुमति नहीं दी। गाँव में भारी तनाव था। सभा के लिए भारी भीड़ भी। बिल्कुल अन्तिम समय में भी गिरफ़्तारी के लिए हमारी तैयारी देखकर पुलिस ने अनुमति दी। सभा में दंगा-फ़साद होने तथा हमारे घर जलाये जाने का डर निराधार रहा। शंकराचार्य से हमारा झगड़ा किस कारण से है, इसे हमने स्पष्ट किया। कई वक्ताओं के भाषण हुए। एक समूह ने नारे लगाकर, अंडे फेंककर, दंगा-फ़साद करने का प्रयास किया। लोगों ने उनका साथ नहीं दिया। आम आदमी समझता है, विचार करता है इसका वह सुखद प्रत्यय था।

देखते-देखते वातावरण बदल गया। आठ महीने से डेरा डालकर बैठे गुरु-शिष्य को आठ दिन में भागना पड़ा।

इन सभी कार्यों के साथ-साथ पारिवारिक ज़िम्मेदारियाँ भी अनिवार्य रूप से चल रही थीं। नौकरी से अलग सामाजिक कार्य करने की मेरी ऊर्मि कॉलेज के दिनों से ही थी। इसमें रोमैंटिकता अधिक थी। विचारों में अस्पष्टता थी। फिर भी कॉलेज के अन्तिम वर्ष में तय हुई शादी के सगाई के बाद टूटने के लिए यह बात काफ़ी थी। मेरी बातों से झाँकनेवाले इस विचार के प्रत्यक्ष रूप में आने की अस्पष्ट आहट पाकर वह लड़की मेरे जीवन से भाग गई। बाद में घरवालों द्वारा ब्याह निश्चित किया। लड़की देखने के कार्यक्रम से ज़्यादा अपनी बात उसे खुलेआम बताने में मुझे ज़्यादा रुचि थी। मैं प्रैक्टिस की शुरुआत में ही उसे बन्द करने का विचार करनेवाले डॉक्टर। मुझे सीधी राह पर चलनेवाली उस लड़की के नकारने में कोई आश्चर्य नहीं लगता लेकिन कैसे, कौन जाने, थ्रिल के रूप में इस अनुभूति को अपनाने की बात उसने बाद में तय की। पाँच साल तक प्रैक्टिस करने की बात मैंने कबूल की। यह सीमा दुगुनी हो गई। शादी के दस साल पूरे हुए। उस समय मैं पूरी तरह से बाहर निकलने के लिए तैयार था।

शादी से तनाव आए लेकिन मैं उन्हें दूर करता गया। शैला बिल्कुल धार्मिक और मैं पूर्णतया नास्तिक। इसी कारण वैदिक पद्धति से शादी करने, कुलदेवता को जोड़ी से पूजने, सत्यनारायण की पूजा करने आदि को पूर्णतया नकारा गया। उसके अन्धविश्वास की मैं उदारता से आलोचना करता रहा। गणेश मूर्ति की स्थापना कर दस दिन तक ब्राह्मण से उसकी पूजा कराने का हमारे घर में रिवाज था। मैंने उसे ईश्वर से बिचौली करनेवाले इस दलाल को नकारने को कहा। उसने इसे माना। बाक़ी उपवास-पूजा-अर्चना मात्र प्रयत्न करने पर भी बन्द नहीं कर पाया। लेकिन यह बात मेरे कार्य में कभी भी बाधा न बनी।

मेरा घर, दवाखाना और अस्पताल सभी एक ही जगह पर गाँव के बीचोबीच है। इससे आने-जानेवालों की हमेशा भीड़ लगी रहती थी। प्रसूति का अस्पताल होने से कभी भी रात की नींद चैन से नहीं मिली। शैला मरीज़ों की बहुत चिंता करती, इससे मानसिक तनाव बना रहता। नौकरी के साथ दो बार प्रसूति का शारीरिक-मानसिक तनाव उसके शरीर पर हुआ। धीरे-धीरे हम उससे बाहर आ गए।

मेरे साथ काम करने की उसकी इच्छा थी। लेकिन पारिवारिक और व्यावसायिक ज़िम्मेदारियों के कारण उससे सम्भव नहीं हो पाया। असल में इसके लिए मुझे पहले से जानबूझकर प्रयास करने चाहिए थे। लेकिन आज लगता है कि एक ओर से उसके द्वारा मिलनेवाली आर्थिक स्थिरता की अभिलाषा मेरे मन में थी। आर्थिक स्थिरता मिलने की बात सच्ची है, लेकिन इसके लिए उसके व्यक्तित्व पर आघात होने की बात भी सच है।

सामाजिक कार्य का परिणाम आर्थिक स्थिरता पर निर्भर होने की बात कभी-कभी अटल रहती है। एक बार हमारी अच्छी-ख़ासी परीक्षा हुई। 1977 में सरकारी कर्मचारियों की हड़ताल जारी थी। राजपत्रित अधिकारी होकर भी मैं जोर-शोर के साथ भाषण ठोंक रहा था। इसके परिणामस्वरूप मेरी नौकरी चली गई। उस समय मुझे डेढ़ हज़ार रुपए महीना तनख़्वाह मिलती थी। इसके चार महीने बाद हमने सतारा नगर निगम के भ्रष्टाचार के ख़िलाफ़ आन्दोलन छेड़ा। चौक-चौक में मैंने सभाएँ बुलाईं। आन्दोलन का बोलबाला हुआ। नगर निगम के सत्तासीन लोग ग़ुस्सा हुए। शैला नगर निगम के प्रसूतिगृह में वैद्यकीय अधिकारी थी। उसे तकलीफ़ देने की धमकियाँ दी जाने लगीं।

'हमें इस भ्रष्ट नगर निगम में नौकरी नहीं करनी है' ऐसा शैला को स्पष्ट बताकर, फटकारकर जोश में मैंने ही उसे इस्तीफ़ा देने को कहा। उस समय उसे सात-आठ सौ रुपए मिलते थे। एक साथ दो-ढाई हज़ार रुपयों की मार झेलनी पड़ी। घर से बाहर रहने की नौकरी और उसमें भी अपनी हुकूमत चलाने की भूमिका से शैला को थोड़ा आराम मिलता था, वह भी ख़त्म हुआ।

मेरी ऐसी इच्छा थी कि मेरे जैसे बेभरोसे के आदमी को एक ही बच्चा काफ़ी है। इसी कारण पहली लड़की के पैदा होने पर सन्तति नियमन का ऑपरेशन कराने का विचार था। लेकिन एक बच्चे का कुछ भला-बुरा हुआ तो? ऐसी भावना प्रबल बनी। लेकिन दूसरे बच्चे के बाद समय न बरबाद करते हुए मैंने अपनी नसबन्दी करा ली। इस बच्चे का नाम हमीद रखा। यह भी कुछ हद तक चर्चा का विषय बना।

हम दोनों ने गृहस्थ जीवन में पैसों की कभी चिंता नहीं की। आन्दोलन चलाते समय या किसी दूसरे की मदद करते समय कोताही न बरतने का रास्ता अपनाया। लेकिन घर में रहने के लिए आनेवाले आन्दोलन के अतिथि के बारे में हमारे बीच मतभेद रहा। घर की रचना में उस कार्यकर्ता को भी परेशानी और

हमें भी कठिनाई। इसके अलावा डॉक्टर के पेशे की आपाधापी में हम उसके खान-पान की व्यवस्था पर ध्यान नहीं दे पाते थे। इसी कारण शैला का आग्रह रहता कि अपने पैसे से किसी अच्छे होटल में उसकी व्यवस्था कर दो। मुझे इसमें परायापन नज़र आता इसलिए कार्यकर्ता को घर पर ही रखने का मेरा आग्रह रहता। यह हमेशा ही विवाद का विषय रहा।

स्वयं का 'लिविंग स्टैंडर्ड' और कार्यकर्ता के बीच का फ़ासला मुझे हमेशा अखरता है लेकिन इस बारे में दृढ़तापूर्वक मैं कुछ कर नहीं सकता। शुरुआती दौर में घर में इस पर गम्भीर चर्चा होती। मेरे घर में सोफासेट और फैन आना था। इसे लेना कितना उचित है इस पर चर्चा होने के बाद अन्त में तय हुआ कि, फैन लिया जाए लेकिन सोफासेट नहीं। आज भी मेरे घर में सोफासेट नहीं है। ख़रीदना सम्भव होते हुए आज भी मैंने फ्रिज, टीवी, गाड़ी नहीं ख़रीदी। शादी से आज तक पत्नी से रत्तीभर सोना नहीं लिया (अर्थात स्वयं का घर बनवाया है)। चार पैसे पास होने पर भी न ख़रीदने में कुतूहल लायक कुछ भी नहीं है। उसके लाभ-हानि की चर्चा हमेशा दिमाग़ में चलती है। दवाइयाँ रखने तथा खाना रखने के लिए फ्रिज उपयोगी है। टीवी के कुछ कार्यक्रम अच्छे रहते हैं, जैसे हर चीज़ दो पक्ष हमेशा मन में आते हैं। अपने को सुखासीन बनने का आपराधिक एहसास बीच-बीच में होता है। लगता है कि इसे उतार फेंकने के लिए आवश्यक साहस मेरे पास नहीं है। परसो नामांतर आन्दोलन के दौरान जेल गया। वहाँ अल्युमिनियम की थाली और एक कटोरा मिला। इससे यह सम्झ में आया कि इससे खान-पान की व्यवस्था होती है। घर जाने पर स्टील की थाली, दो कटोरे, आवश्यकता के अनुसार कांच की डिशेज़, ताँबा या स्टील के बर्तन को नकारकर अपनी आवश्यकता को मर्यादित करने की बात मन में आई लेकिन मैं इसे पूरा नहीं कर पाया। असल में भयानक ग़रीबी वाले हमारे देश में ऐशोराम का उपभोग किसे कहें यह भी प्रश्न है। इस दृष्टि से विचार करें तो आजकल काफी चैन, विलासिता है। और तुलना करनी है तो तुलना के लिए हमारे देश में किसी भी स्तर पर दोनों पक्षों के परिमाण हैं ही। अन्त में स्वयं का प्रामाणिक वचन ही सत्य लगने लगता है। लेकिन संभ्रम तो है ही।

इस दस-बारह साल के आन्दोलन से मुझे क्या मिला? एक अच्छा ग्रुप, जो एक-दूसरे को विकसित करता बढ़ता गया। एकसंघ भावनिक घनिष्ठता पैदा होने और बनी रहने की बात मुझे सबसे महत्त्वपूर्ण लगती है। एकाध छोटे समूह

के हर एक सदस्य का नाम होना और आन्दोलन से निष्ठा रखते समय यह घटित होना, मुझे मूल्यवान लगता है। वैसे हमारा गुट आठ-दस लोगों का ही है। उनमें से लक्ष्मण माने 'उपरा' ख्यात है। पिछले साल 'अनुष्टभ' पत्रिका के दीपावली विशेषांक के लघु उपन्यास का प्रथम पारितोषिक अवार्ड राजा कोपार्डे को मिला। संघ परिवार पर लिखी गई किशोर बेडकिहाल की किताब सभी ओर खलबली मचा रही है। नामांतर के लिए जानबूझकर आत्माहुति देनेवाला महाराष्ट्र का पहला हुतात्मा 'विलास राणे' भी हमारे संगठन का ही कार्यकर्ता था। वह यदि मराठा समाज की स्त्रियों पर किए गए व्यापक निरीक्षण पर लिखता तो वह काफ़ी ज़ोरदार रहता। ये सारे लोग तीस-चालीस के आसपास के। कोई भी बड़ी ताक़त मूल में रहने के चिह्न न दिखानेवाले। मुझे लगता है कि आन्दोलन के कारण एक-दूसरे से संवाद करते हुए हम सारे लोग तैयार हुए। सामान्य आदमी में अपार शक्ति होने का यह जीवित उदाहरण है। मेरी दृष्टि से यह अपवाद नहीं है। व्यापक स्तर खोजने तथा बनने-बनाने की प्रक्रिया के लिए शुरू से प्रयास करने चाहिए।

हमारा आन्दोलन महत्त्वपूर्ण सामाजिक प्रश्नों पर कार्य करता है। यह प्रतीकात्मक है। दहेज, पनघट, देवदासी ये कुछ जगहों तथा व्यक्तियों से सम्बन्धित संघर्ष थे। आगे इससे सम्बन्धित एक स्ट्रैटजी हमने बनाई। इसमें सफलता भी मिली। सामान्यतया शासकीय अधिकारियों तथा पत्रकारों के साथ हमारे मैत्रीपूर्ण सम्बन्ध रहे। आन्दोलन को इसका लाभ भी हुआ। महाराष्ट्र के कुल परिर्वतनवादी गुटों और व्यक्तियों से अच्छे सम्बन्ध रखनेवाला हमारा गुट अपवाद रहा है। एक छोटे समूह तथा विचारों के साथ भावना से जुड़े संगठन के अन्तर्गत वातावरण से ही यह सम्भव हो पाया।

पहले हमारी ताक़त नहीं थी इसलिए मूलभूत संघर्षों को नहीं अपनाया। दलितों की ज़मीन मुक्ति जैसे आन्दोलन आवश्यक तैयारी तथा त्याग के अभाव में खड़े नहीं रह पाए। पिछले कुछ सालों से सतारा ज़िले की वास्तविकता को समझकर इस तरह के इकट्ठे तीव्र आन्दोलन या पॉकेटवर्क हम नहीं कर पाएँगे, इस एहसास से वह रास्ता छोड़ दिया। पॉकेटवर्क के महाराष्ट्र में एक मर्यादा के बाद होनेवाले राजनीतिक गतिरोध की अनुभूति हमारे अति सावधानी से विचारपूर्वक दूर रहने के लिए ज़िम्मेदार रही। संगठन को सामाजिक-सांस्कृतिक स्तर पर मिली सफलता, व्यक्तिगत शोहरत से हमारा रास्ता निश्चित हुआ।

समाजवादी युवक दल

मैं स्वभाव से मनस्वी नहीं, बल्कि नरमदिल का आदमी हूँ। मैं जहरीली टीका नहीं करता। मेरी दृष्टि से यह ग़लत है। मुझे लगता है कि विरोधी या अलग विचार रखनेवाले लोगों का अन्य क्षेत्रों में मिलनेवाला मर्यादित सहयोग लेना चाहिए। मेरे सहयोगियों को यह आसानी से झुकना या दबना लगता है। उन्हें लगता है कि सामाजिक समस्या और व्यक्ति के तत्त्वभ्रष्ट आचरण के बारे में सभी स्तरों पर कठोर तथा खरी-खुरी सुनानेवाली भूमिका होनी चाहिए। काम की योजना तफ़सील में जाकर करने का मेरा स्वभाव भी कुछ साथियों को अति सावधानी लगता है। उनके मतानुसार इससे आन्दोलन के लिए अपेक्षित उमड़ते उत्साह में बाधा आती है। उन्हें लगता है कि अपने आप को झोंककर हिस्सा लेना चाहिए। विचार और कार्य में बहुत डूबना पड़ता है। दिमाग़ में हमेशा वहीं विचार डेरा डालकर बैठते हैं। फिर कुछ समय के लिए ताज़ापन छिनने जैसी परिस्थिति बनती है। इस कारण ऐसा लगता है कि हमेशा तनाव में रहनेवाले कार्यकर्ता साल में कुछ समय ही सही लेकिन सहेतुक अलिप्त रहें। मार्क्सवादी, गांधीवादी, जे.पी. वादी, प्रजातांत्रिक, समाजवादी और अन्य अनेक प्रेरणाएँ लेकर जीवन को दाँव पर लगाकर काम करनेवाले संगठन, उनके विचार, और उम्दा युवा कार्यकर्ता सभी नज़दीकी से परिचित होने से एक बबंडर में फँसे हुए लगते हैं। इस घेरे को तोड़ने के लिए नए चिन्तन और नए कृतिशील रास्तों की आवश्यकता महसूस होती है।

संघर्ष के मोर्चे पर

असल में गुरुडम के ख़िलाफ़ का संघर्ष बुवा-बाबा के विरोध में किए गए प्रबोधन से शुरू होता है, जो एकाध बुवा-बाबा, स्वामी या महाराज के ख़िलाफ़ बोलना, चर्चा करना या व्याख्यान देने जैसा निरुपद्रवी नहीं होता। उस बाबा, बुवा, स्वामी या महाराज के भक्तगण होते हैं। उनकी दृष्टि से उनके ईश्वर स्वरूप गुरु के ख़िलाफ़ ऐसा कुछ बोलना, घोर अपमान है। इसी कारण इस प्रकार की बैठकों या सभा में झगड़े के साथ-साथ समय आने पर बात मुद्दे से मुक्के तक पहुँचती है। बाद में पुलिस और कोर्ट-कचहरी, मानहानि के मुक़दमे, समाचार-पत्रों से प्रकाशित होनेवाले पाठकों के पत्र-व्यवहार में दी गई गालियों की बौछार, 'याद रखो, ऐसा बोलोगे तो हाथ-पैर तोड़कर जीभ खींचकर निकाल देंगे' जैसी भाषा में समाचार-पत्रों में छपकर आए धमकीभरे पत्र या इसी प्रकार के गुमनाम पत्र या फोन। इनकी अनुभूति से गुरुडम के ख़िलाफ़ संघर्ष प्रबोधन से शुरू होता है, इसे बताना आवश्यक नहीं।

बाबा पर छापा डालने, उससे माफ़ीनामा लिखवाकर लेने, समय आने पर उसे गिरफ़्तार करने आदि से मिलनेवाली व्यापक प्रसिद्धि, इससे आन्दोलन तथा संगठन को मिलनेवाली ख्याति, संगठन का बढ़नेवाला प्रभाव आदि पर ध्यान दे तो गुरुडम के ख़िलाफ़ संघर्ष आन्दोलन की दृष्टि से रोमहर्षक प्रकरण है। पिछले बारह सालों से कम से कम महाराष्ट्र में तो संगठित रूप से महाराष्ट्र अन्धश्रद्धा निर्मूलन समिति की ओर से यह संघर्ष जारी है। क्या इससे महाराष्ट्र में गुरुडम को रोका गया? इसका उत्तर 'नहीं' है। स्वाभाविक रूप से कई सलाहगार सलाह देते रहते हैं। हेतुत: आरोप भी करते हैं।

आपके आन्दोलन से क्या साध्य होगा? एक बुवा ख़त्म होते ही दूसरा नया बुवा तैयार होता है। यह ऐसा ही होगा, क्योंकि आप उसे जड़ से उखाड़ नहीं फेंकते।

इस जड़ से उखाड़ फेंकने की भूमिका के बारे में दो तरह के सलाह-मशविरे मिलते हैं। उसमें से एक है—व्यापक समाज परिवर्तन के लिए संघर्ष करें। समाज में लोगों का शोषण चहुमुखी हो रहा है, उससे सिटपिटाए लोग मजबूरी से गुरुडम की ओर मुड़ते हैं। गुरुडम ख़ून ख़राब होने से शरीर पर निकलनेवाले फोड़े जैसा है। उस फोड़े का इलाज करने से क्या होगा? ख़ून शुद्ध होना चाहिए। याने व्यवस्था में मूलभूत बदलाव होना चाहिए। दूसरे मत की दृष्टि से कैन्सर को समूल नष्ट किए बिना गुरुडम के रूप में शरीर पर दिखाई देनेवाली उसकी गाँठ निकालकर कुछ नहीं होगा। यह कैन्सर है—ब्रह्मवाद का, अध्यात्म का, कर्मकांड में डूबे ईश्वर और धर्म कल्पना का। इन सभी के आधार से गुरुडम का पालन-पोषण होता है। इन सभी कल्पनाओं को ख़त्म किए बिना गुरुडम से बाहर निकलना सम्भव नहीं।

आप आन्दोलन वाले बड़े बाबाओं को हाथ तक नहीं लगाते। आप का सारा संघर्ष मामूली चोरों के साथ वो भी फुटकर रूप में। इसे जोड़कर एक और आरोप लगाया जाता है। कुछ लोगों को लगता है कि समिति केवल हिन्दू धर्म के गुरुडम के ख़िलाफ़ काम करती है। कुछ लोग तो इसके आगे जाकर यह मानते हैं कि, आप फलाँ-फलाँ जाति के बुवाओं के पीछे लगते हैं, और फलाँ-फलाँ जाति के बुवाओं की अनदेखी करते हैं। तात्पर्य यह कि गुरुडम के ख़िलाफ़ का संघर्ष कुछ स्वार्थ रखकर करते हैं।

- बुवा के ख़िलाफ़ संघर्ष करने से उसे ख्याति मिलकर उसका व्यवसाय बढ़ता है।
- गुरुडम रुकता नहीं। आन्दोलन की प्रसिद्धि के लिए किया गया यह स्टंट है।
- आन्दोलन से इतना मात्र अवश्य होता है कि बाबा की ओर से पुलिस को हफ्ता शुरू होता है। घूस लेने के लिए उनका एक और लाभदायक स्थान बढ़ता है। अपवाद स्वरूप, बुरा चाहनेवाले, चालाकी से ऐसे भी आरोप लगाते हैं कि, फलाँ-फलाँ बाबा के विरोध में आप संघर्ष नहीं करते, क्योंकि सम्भवतः उनके द्वारा आप को भी हफ्ता शुरू हुआ होगा। इन सभी आरोपों को सुनते समय मुझे ख़लील जिब्रान की एक कहानी याद आती है। यात्रा पर निकला जिब्रान घोड़े को बाहर बाँधकर स्वयं अतिथिगृह में जाकर सो गया। सुबह उठकर देखता है तो किसी ने उसका घोड़ा चुरा लिया। जाँच-पड़ताल करने पर उसे बहुत सी बेहूदा

बातें सुननी पड़ीं। 'ये कैसी मूर्खता, घोड़ा बाहर क्यों बाँध दिया? इतनी सीधी बात नहीं जानते कि इस प्रदेश में घोड़े से यात्रा नहीं की जाती।' 'ऐसी यात्रा में सतर्क होकर सोना चाहिए। कहीं से थोड़ी सी भी आवाज़ आए तो नींद खुलनी चाहिए।' 'सोए होंगे घोड़े बेचकर' आदि-आदि। कई तरह से जिब्रान की ग़लतियों का पंचनामा होने पर उसने शान्ति से इतना ही कहा, 'हे सज्जनो, आप सभी की सूचनाओं के लिए मैं कृतज्ञ हूँ। लेकिन आप में से किसी ने भी घोड़ा चुराकर ले जानेवाले चोर के बारे में एक शब्द तक नहीं निकाला। यह कैसे?' गुरुडम के ख़िलाफ़ संघर्ष में बिल्कुल यही स्थिति है। क्रांतिकारी बदलाव हुए और लोगों को दुख का झूठा इलाज कराने के लिए बाबा की ओर जाने की आवश्यकता महसूस नहीं हुई तो इसका सर्वाधिक आनन्द समिति को होगा। भ्रामक ब्रह्मवाद से देश के बहुसंख्यक लोगों की मानसिकता मुक्त हो तो कितना अच्छा होगा लेकिन यह घटित होने तक क्या करें? आँखों के सामने दिखाई देनेवाले गुरुडम के ख़िलाफ़ संघर्ष करें या न करें? यह भी सच है कि, राष्ट्रीय तथा अन्तरराष्ट्रीय स्तर पर डेरा डालकर बैठे बाबाओं के ख़िलाफ़ आन्दोलन का प्रभाव बहुत ही निष्प्राण लगता है। लेकिन वह प्रभावी हो ऐसा जिन्हें लगता है, उन्हें सक्रिय साथ देने का कर्तव्य नहीं निभाना चाहिए? धर्म और जाति को देखकर गुरुडम का संघर्ष छेड़ा जाता है, जैसे आक्षेपों पर तरस खाने के अलावा हम कर भी क्या सकते हैं? यदि किसी को आन्दोलन मात्र प्रसिद्धि का स्टंट लगता है, उन्हें हम क्या जवाब देंगे? तात्पर्य यह कि इन सभी आरोपों को पचाकर संघर्ष मैदान में खड़ा होना पड़ता है। अनुभूति ऐसी है कि गुरुडम के ख़िलाफ़ के संघर्ष से कई अच्छी बातें घटित होती हैं। सभी बुवाओं को हम रोक नहीं पाएँगे लेकिन उनकी नई उपज तो कम कर सकते हैं। जिनके ख़िलाफ़ संघर्ष करते हैं, उन सभी का पूरा निर्दलन नहीं कर सकते। कुछ लोगों की ढकोसलाबाजी पूरी तरह से थम जाती है। कुछ की भारी मात्रा में कम होती है। कुछ जगह बदलकर प्रयास करते हैं लेकिन काम नहीं बन पाता। लेकिन कुछ मात्र आन्दोलन से बाज नहीं आते। कुल संघर्ष लाभदायी ही रहता है। मुख्यत: कार्यकर्ताओं की हिम्मत बढ़ती है। लोग विचार करने लगते हैं। उनमें आत्मविश्वास पैदा होता है। आन्दोलन सही तरीके

से लोगों तक पहुँचता है। पुलिस अधिकारी और मीडिया भी गुरुडम का साथ देते हैं। लेकिन इस बात का भी सुखद अनुभव मिलता है कि, वे गुरुडम के ख़िलाफ़ चल रहे आन्दोलन में मदद भी करते हैं।

ऐसा प्रतीत होता है कि, गुरुडम के ख़िलाफ़ संघर्ष करते समय कार्यकर्ताओं को महसूस होनेवाली अनुभूति उससे सम्बन्धित आए समाचारों में कुछ मात्रा में प्रतिबिंबित होती है। घटना घटित होने के कुछ समय बाद उसे शब्दबद्ध किया तो वह पाठकों तक उतनी तीव्रता से नहीं पहुँचती। इसकी विशिष्ट वजह है। जब संघर्ष शुरू होता है तब चमत्कार की भारी उत्सुकता रहती है। इससे समाचार मूल्य बढ़ता है और संघर्ष आकर्षण का केंद्र बनता है। चमत्कार का पर्दाफ़ाश बहुत बड़े गुब्बारे में पिन लगाने जैसा होता है, और उसका मज़ा ही निकल जाता है। लोगों के आगे बड़ाई कर दुकान खड़ा करनेवाले बाबा के साथ धर्म, अध्यात्म, भक्तगण खड़े रहते हैं। पर्दाफ़ाश करने पर वह बिल्कुल ही नंगाबूचा, निस्तेज दिखाई देता है। उत्सुकता ख़त्म होती है। मज़ा चला जाता है। यह सब ध्यान में रखकर ही गुरुडम के ख़िलाफ़ संघर्ष अनिवार्य है। वह कई रूपों में होता है। हर समय का तफ़सील अलग रहता है। इन सभी से गुरुडम के ख़िलाफ़ समिति ने एक पद्धति विकसित की है। वह एक ढाँचा है। हर नए प्रसंग में अपनी कल्पना से उसमें तफ़सील लिखना पड़ता है। समिति के कार्यकर्ता उसे पूरा करते हैं। अपेक्षा यह है कि यह काम केवल समिति न करे, लोग भी अपनी-अपनी जगहों पर यह संघर्ष खड़ा करें।

बुवा बनने के लिए नाम का बड़ा महत्त्व रहता है। गुरु, महाराज, बाबा, आनन्द, योगी, सिद्धबालयोगी, स्वामी, राधा, दास, नाथ, भगवान, पूजनीय जैसे नाम अपने नाम के आगे या पीछे लगाने पड़ते हैं। स्त्रियों में माता, माँ, बाई, अम्मा, अक्का, देवी जैसी अनेक उपाधियाँ रहती हैं। गुरुडम अनेक रूपों में चलता है। आत्मध्यान, योगशास्त्र, सम्मोहन, कुंडलिनी जागृति जप, पूजा, यज्ञ जैसी अलग-अलग बातों के आधार पर बुवा अपने पैर जमाता है। आधुनिक काल को समझकर अध्यात्म और विज्ञान को जोड़कर भी गुरुडम चलता है। कुछ बुवा दावा करते हैं कि वे विशिष्ट देवताओं या सन्तों के पुनर्जन्म हैं। कुछ चमत्कार करने में विख्यात होते हैं तो कुछ बीमारी दूर करने में। कुछ बुवा लैंगिक शोषण करनेवाले होते हैं। इसके साथ कभी-कभी मतिमन्द या पूरे पागल व्यक्ति को भी बुवा या महाराज बनाया जाता है। मंत्रतंत्र तथा दैवी सामर्थ्य के आधार पर गाँव-गाँव में बसे बहुजनों की हर समस्या का इलाज बतानेवाले मांत्रिक देवऋषि भी गुरुडम का ही एक प्रभावी प्रकार हैं।

योग साधना, सम्मोहन, धार्मिक मेले, जयंतियाँ, उत्सव, बीमारी दूर करने का दावा, अभुआना, चमत्कार करना, भूत निकालना, ईश्वरीय गुरुडम, आध्यात्मिक मार्ग आदि बातें ऊपरी तौर पर अलग-अलग दिखाई देने पर भी इन सभी का मुख्य लक्ष्य मनुष्य का दिमाग़ व्यवस्थित रूप से गिरवी रखना ही है। सम्मोहन, सक्रिय ध्यान, कुंडलिनी जागृति, भावातीत अवस्था आदि के प्रवर्तक अलग-अलग कहें, फिर भी आश्वासन मात्र एक ही देते हैं। इन क्रियाओं से ईश्वर से संवाद, आत्मिक ज्ञान, अन्तिम सत्य की समझ और फिर जीवन में ख़ुशी ही ख़ुशी या सन्तोष ही सन्तोष। कई बुवा रामनवमी, दत्त जयंती, हनुमान जयंती जैसे मुहूरत निकालकर समारोह का आयोजन करते हैं। वह बड़े मेले जैसा रहता है। चंदा इकट्ठा किया जाता है। वार्षिक कार्यक्रमों का आयोजन इस पद्धति से किया जाता है, जिससे बाबा का माहात्म्य और भी प्रभावशाली बने। फिर भस्म देकर भक्तों की समस्याओं का निराकरण शुरू होता है। इसके भी आगे जाकर कुछ बुवा ऐसे भी होते हैं, जो अपनी ही जयंतियाँ मनाते हैं। जाने-पहचाने लोगों की उपस्थिति में रथ पर बैठाकर इनकी शोभायात्रा निकाली जाती है। कभी-कभी मुकुट पहनने जैसे विधि भी सम्पन्न की जाती है। भक्त उपस्थित रहें इसलिए हैण्डबिल और विज्ञापन पहले से ही वितरित किए जाते हैं।

जयंती के दिन होम-हवन, पूजा-अर्चना, प्रवचन जैसे कार्यक्रम तो होते ही हैं, पर महाप्रसाद के रूप में जेवनार का भी आयोजन किया जाता है। बीमारी दूर करने का दावा करनेवाला बाबा—यह बहुत बड़ा विभाग है। इलाज न होनेवाली खसरा, उकवत, दाद जैसी पुरानी बीमरियों; दमा, संधिवात, कोढ़ जैसी बीमारियों, और सन्तान प्राप्ति का सुख न मिलने से दुखी बने लोगों के लिए बाबा के पास शर्तिया इलाज रहता है। यही इलाज असाध्य बीमारियों पर भी किया जाता है। पुणे के पेशवा पार्क का एक बुवा, सभी बीमारियों पर अत्यंत लाभदायक तथा प्रभावी इलाज के रूप में व्याघ्रमूत्र देता था। बीमारियों पर इलाज करनेवाली बुवाओं की छोटी आवृत्तियाँ पेट की बीमारी या विषबाधा होने की बात बताकर, छाछ के साथ औषधि पिलाकर या कई सालों की जहर औषधि पिलाकर उलटी निकालकर दिखाते हैं। तो कुछ बाबा पीलिया से बीमार आदमी के पसीने से पीला पानी निकालते हैं। शरीर में किसी भी देवता को सवार कर भी कुछ लोगों का गुरुडम चलता रहता है। ईश्वर द्वारा निश्चित दिन पर उनके दरबार का आयोजन होता है। कुछ बाबा तो सीधे-सीधे ईश्वर के अवतार ही कहलवाते हैं। गाँव-गाँव

में सहज ही उपलब्ध होनेवाला बाबा 'मांत्रिक' है। तंत्र-मंत्र विद्या अवगत होने का ढोंग वह बढ़िया तरीके से दिखाता है। भूत निकालनेवाले अधिकतर मांत्रिक भूत से बाधित व्यक्ति को सीधा पीटते हैं। मठ या संस्था का निर्माण कर गुरुडम प्रभावी ढंग से किया जाता है। क़ानूनन बातों की पूर्ति कर धार्मिक कारणों से इकट्ठे किए पैसे अपनी इच्छानुसार उपयोग में लाए जाते हैं। ऐसे बाबा, महाराज या शास्त्री लोग इस प्रकार के ट्रस्ट में अपने परिवारवालों या विश्वासू भक्तों को ही लेते हैं। कुछ तो स्वयं ट्रस्ट में न रहकर बाहर से उस पर अधिकार रखते हैं। किसी भी क़ानूनन या आर्थिक व्यवहार में न फँसने की यह तरकीब महाराज की निरीहता के नाम से सराही जाती है। कभी-कभी संस्था की ओर से कुछ समाजोपयोगी कार्यक्रमों का आयोजन किया जाता है। राजनीतिक आधार प्राप्त करने में भी ऐसे संस्थान उपयोगी सिद्ध होते हैं। जनप्रतिनिधि तथा सरकारी अधिकारियों को ऐसे किसी बुवा की आवश्यकता होती ही है। इससे बुवा-बाबा को भी सुविधा होती है। एक तरह से यह सिद्ध-साधकता का मामला बनता है। लेकिन बाबा की असली शक्ति इस देश के लोगों की धार्मिक मानसिकता में है। प्रवचन-कीर्तन-सत्संग से आध्यात्मिक उन्नति के लिए भ्रमण करनेवाले बुवा का धार्मिक अध्ययन गहरा रहता है। अधिकतर बुवाओं के वचन विशिष्ट ढाँचे के होते हैं। उदाहरण—"मैं सनातन पुरुष हूँ। जैसे ईश्वर के लिए आदि और अन्त नहीं रहता वैसे मुझे भी नहीं है। मैं प्रेम की दीक्षा देने के लिए यहाँ आया हूँ। हम सभी में परमात्मा निवास करता है। गुरुकृपा के साक्षात्कार से मैं आत्मज्ञानी बना हूँ और इसी कारण मैं उस परमात्मा को पहचानता हूँ।"

"निर्गुण परब्रह्म ईश्वर सृष्टि के कण-कण में बसा है। वह दिखाई नहीं देता, वह जन्म नहीं लेता, उसका नाश नहीं होता, वह अनंत है। उसे समझ लें। उसकी भक्ति ऐसी करें कि वह प्रसन्न हो जाए। वह आप को मोक्ष दिलाएगा। मोक्ष प्राप्ति के तीन मार्ग हैं—ज्ञानमार्ग, कर्ममार्ग और भक्तिमार्ग...।"

यदि व्यक्तित्व आकर्षक है तो गुरुडम अधिक सुलभता से चलता है। लेकिन इसके न होने से काम नहीं रुकता। गेरुआ कफनी, सफ़ेद वस्त्र, कमंडल, रुद्राक्षमाला, मिण, शंख, कदर्पी, उद, काले डोरे, भिलावाँ, नीबू, सूई, किल, पादुका, नारियल, मूर्ति, भंडारा, भस्म, जनेऊ हलदी-कुंकम, त्रिशूल जैसी वस्तुएँ बाबा के पास रहती हैं। इससे धार्मिक भावना रखनेवाले अधिकतर लोगों के मन में एक भ्रम पैदा किया जाता है। कोई भी बाबा अपना एक ख़ास शिष्य परिवार

रखता है। ये शिष्य अपने रिश्तेदार, मित्र तथा पड़ोसियों के सामने बाबा का रसभीना वर्णन करते हैं। अपने-अपने दरबारों का आयोजन कर सप्ताह के किसी विशिष्ट दिन सभी भक्तों को बुलाकर बाबा अपनी लोकप्रियता का जायजा लेता है। वह नए भक्तों को जोड़ता है। गुरुडम को जीवित रखता है। अपना माहात्म्य बतानेवाले मुखपत्र या किताबें भक्तों को बहुत कम क़ीमत में बेची जाती हैं। यात्रा-मेले में इनकी बिक्री तथा वितरण किया जाता है। अन्धविश्वासी राजकीय नेता या किसी भी क्षेत्र के बड़े आदमी को जाने-अनजाने इस जाल में खींच लिया जाता है। उनके साथ निकाली गई तसवीरें सामान्य भक्तों के सामने अपना महत्त्व बढ़ाने के लिए स्पष्टता से लगाई जाती हैं। साथ ही अपना महत्त्व बढ़ाने के लिए समाचार-पत्रों में जयंती उत्सव के पूरे पन्ने भरकर विज्ञापन दिए जाते हैं। इससे उनके मामूली उपक्रम को भी बड़ी प्रसिद्धि मिल जाती है। रेडियो, टेलीविजन में कार्यरत महत्त्वपूर्ण लोगों को ढूँढ़ा जाता है। इस बात का ख़याल रखा जाता है कि, प्रसिद्धि का वलय हमेशा अपने आसपास निरन्तर बना रहे। शिष्य परिवार और नाम मिलने पर ट्रस्ट या मठ की स्थापना की जाती है। बाबा द्वारा धर्मकार्य हेतु काला पैसा सफ़ेद किया जाता है। इसे समाज मान्यता भी मिलनी शुरू होती है। गुरुडम के लिए धार्मिक आधार आवश्यक है क्योंकि व्यक्ति के विश्वासू बने बग़ैर गुरुडम के लिए आवश्यक उर्वर भूमि तैयार नहीं होगी। संस्कृत का ज्ञान, धार्मिक अभ्यास में गहराई और लोगों को न समझनेवाली भाषा में अध्यात्म बताने की कला अवगत हो तो गुरुडम अधिक प्रभावी सिद्ध होता है। मधुर भाषा, उत्कृष्ट शब्द उच्चारण, लोकभाषा का प्रयोग, कभी शब्दों के जंजाल में फँसाना, और विशेष अधिभौतिक शब्दों को घुसेड़ना आने की क्षमतावाले बुवाओं का व्यवसाय तेज़ी में रहता है। बुवा हमेशा 'पैसे बिल्कुल भी नहीं चाहिए' का नगाड़ा बजाते हैं। लेकिन बुवा के एजेंट पूजा, यज्ञ, समस्या निवारण, दर्गा में फर्श बिठाने और मन्दिर के जीर्णोद्धार के लिए पैसे माँगते रहते हैं। बुवा हाजिरजवाबी और जिज्ञासु रहता है। उसकी चतुराई प्रशंसा के योग्य होती है। अपने पास आनेवाले लोग किस प्रवृत्ति के हैं, भक्तों की जानकारी कैसे प्राप्त करें, विश्वासू भक्त के रूप में किसका चयन करें, दरबार का ठाठ कैसे रखें, अपनी पोल न खुले इसकी सावधानी कैसे बरतें आदि गुण बुवा ने विकसित किए होते हैं। इस आधार पर बुवा का व्यवसाय वृद्धिगत होता है।

गुरुडम के ख़िलाफ़ शिकायत क्यों की जाती है, इसे सरलता से समझना

चाहिए। समाज में एक वर्ग ऐसा है जो चाहता है कि, धोखे आदि के ख़िलाफ़ संघर्ष होना चाहिए। पर वह अपवाद के रूप में ही इसके विरोध में खड़ा रहता है। लेकिन विरोध करनेवाले कोई मिले तो उस तक बड़ी तत्परता से जानकारी पहुँचाता है। फलाँ-फलाँ गुरुडम का बन्दोबस्त करने सम्बन्धी कई सारे गुमनाम फोन तथा पत्र आते हैं। कुछ लोगों को तो अन्धश्रद्धा निर्मूलन समिति सरकारी विभाग ही लगता है। शिकायत लेकर आनेवाले अधिकतर लोगों को लगता है कि, समिति जाल फैलाए, जाली ग्राहक भेजे और बुवा पर छापा मारकर उसे हवालात भेजे। अपने सहभाग से समाज परिवर्तन या शोषण मुक्ति की लड़ाई के रूप में गुरुडम के ख़िलाफ़ खड़े रहनेवालों को मिला धोखा देर से पता चलता है। उसे बदला लेना होता है। इसके साथ राजनीति या आर्थिक व्यवहार में बनी दुश्मनी मिटाने के लिए कुछ लोगों को समिति की मदद चाहिए होती है। निजी स्वार्थ हेतु की गई इस शिकायत में कभी-कभी सत्यता भी रहती है लेकिन कभी-कभी गुमराह भी किया जाता है। आजकल समिति की प्रतिष्ठा बढ़ रही है। समिति द्वारा एकाध व्यक्ति पर आरोप लगाने पर समिति की विश्वसनीयता को ध्यान में लेकर संचार माध्यम उसे व्यापक प्रसिद्धि देते है। कभी-कभी अपने दुश्मन का काँटा निकालने के लिए इस पद्धति से गुरुडम के झूठे प्रकरण गढ़े जाते हैं। इसलिए प्रत्येक मामले की छान-बीन करना आवश्यक बनता है।

शिकायत लेकर आनेवाले से लिखित शिकायत तफ़सीलवार लें। उस पर शिकायतकर्ता का पूरा नाम, उम्र, व्यवसाय, पता, शिक्षा, शिकायत का कारण आदि तफ़सील में शिकायतकर्ता के हस्ताक्षर में तिथि के साथ लें। शिकायत में बुवा सम्बन्धी पूरी तफ़सील अफ़वाह के साथ दर्ज हो। बुवा का मूल नाम, उपनाम, उम्र, पूर्वपीठिका, व्यवसाय, पता, चमत्कार, उपचार, भक्त, सम्पत्ति, साझेदार, शराब, चरस, गांजा आदि का व्यसन, अन्य अनैतिक प्रकरण, शस्त्र रखना आदि सारी सुनी-सुनाई जानकारी भी रखें। शिकायत करने वाले को इस बात का भरोसा देना पड़ता है कि, उसका नाम या पहचान गुप्त रखी जाएगी तथा समय आने पर सुरक्षा की व्यवस्था भी की जाएगी। साथ ही इसका भी एहसास करा दें कि, समय आने पर उसे खुलकर मदद करनी होगी। शिकायत करनेवाले से बुवा से सम्बन्धित अधिक से अधिक जानकारी प्राप्त करने का प्रयत्न करें।

गुरुडम किस रूप में चल रहा है इसकी जानकारी जाली ग्राहक भेजकर प्राप्त करना प्रभावी तथा सुविधापूर्ण मार्ग है। ऐसी जानकारी प्राप्त करने के लिए कम से

कम दो लोग मिलकर जाएँ। उनमें से एक को पूर्वानुभव रहना अधिक सुविधापूर्ण होगा। दोनों को एक-दूसरे की मदद मिलेगी। कभी भी अकेले न जाएँ। किसी भी समस्या या आरोप के पनपने की सम्भावना मान लेनी पड़ती है। नकली ग्राहक बनकर डायबिटीज जैसी कभी भी न ठीक न होनेवाली बीमारियाँ, मन की बीमारियाँ, ड्रग्ज और मैजिक रेमिडीज क़ानून के अन्तर्गत आनेवाली बीमारियाँ बताएँ। कार्यकर्ताओं के साथ सिविल ड्रेस में पुलिस हो तो अधिक अच्छा। दावा यदि चमत्कार का है तो चमत्कार पद्धति की जाँच कर यह देखें कि, पैसे किस रूप में (उदा. नीबू, नारियल, तेल, पूजा का साहित्य, दक्षिणा, कपड़ा, सोना आदि) और कहाँ लिए जाते हैं। रसीद, विज्ञापन उपयोग में लाया गया साहित्य, टिप्पणी, आसपास की स्त्रियाँ, शिष्य, कार्यपद्धति आदि की जानकारी भी लें। यह भी देखें कि बाबा किस दिन (दिन, तिथि, समय, अमावस, पूनम, स्थल) यह व्यवसाय करता है, कौन सी पोशाक पहनता है, किस देवी-देवता या पीर के नाम यह सब करता है। इसकी भी जानकारी लें कि उपचार के रूप में भस्म, गंडा-तावीज, नीबू, औषधि, वनस्पति आदि क्या-क्या देता है। इसे समझ लें कि भक्तों को इकठ्ठा करने का माध्यम भजन, कीर्तन, प्रवचन, चमत्कार, उपकार, ध्यान धारणा, पोथीपुराण आदि में से क्या है।

बुवा पर छापा डालना यह केवल एक मार्ग है लेकिन यही अन्तिम नहीं है। बुवा, बाबा, मांत्रिक, ज्योतिषी से पत्र-व्यवहार करें। पत्र रजिस्टर्ड ए.डी. से हो। लिखित रूप में अपने गुरुडम का विज्ञापन देनेवाले बुवा इसमें फँस सकते हैं। इसके बाद तफ़सीलवार आह्वान, धरना देना आदि कार्यक्रम कारगर सिद्ध होते हैं। कथित शक्ति, चमत्कार आदि के लिए समिति ने पाँच लाख रुपए का आह्वान रखा है। आह्वान देने से पूर्व ठीक तरह से विचारपूर्वक आह्वान का मसौदा तैयार करें। लेकिन आह्वान मात्र मौखिक रूप में ही दें। पत्रकारों को साथ लें। अधिकतर बाबा आह्वान स्वीकारने में असमर्थता दर्शाते हैं। यह बात उनसे तुरन्त लिखित रूप में लें। उसे उचित मात्रा में प्रसिद्धि देकर मामला यहीं पर ख़त्म करें। चमत्कार को खुलकर आह्वान देना गुरुडम के ख़िलाफ़ किए संघर्ष में एक परिणामकारक चाल है। समिति की इच्छा रहती है कि अपने आसपास कहीं भी ऐसे कथित चमत्कार घटित होने पर लोग स्वयं उसे आह्वान दें। आह्वान से निश्चित तौर पर चमत्कार का महत्त्व कम होता है। कभी-कभी वे रुकते भी हैं। लेकिन ऐसा भी घटित होने की सम्भावना है कि, बुवा झट से आह्वान स्वीकारने की घोषणा करें। ऐसे वक़्त आह्वान प्रक्रिया कैसे पूरी होगी

इसका मसौदा तैयार करने से पूर्व समिति से सम्पर्क करना उचित रहेगा। बुवा छापा मारकर नहीं मिला या अपनी ताक़त कम पड़ती हो तो बुवा के अड्डे के आसपास या बुवा जिस इलाके में चमत्कार दिखाता है, उस इलाके में अन्य चमत्कारों के प्रयोग दिखाएँ। बुवा की चालाकी समझाएँ, बताएँ। बुवा के दरबार के आगे खड़े रहकर पत्रक बाँटे, भक्तों के विचार परिवर्तन का हमेशा प्रयत्न करें।

बुवा से संघर्ष एक बदमाश से ही संघर्ष रहता है। अधिकतर बुवा-बाबा बदमाश तथा अपराधी प्रवृत्ति के होते हैं। इसी कारण इसके पूर्व उनके ऊपर लगाए गए आरोपों, शिकायतों, प्रवाद, सज़ा आदि की खोज करें। इन बातों को उचित प्रसिद्धि देने पर भी बाबा के भक्तों में असमंजस निर्माण होता है। बुवा के स्त्री के साथ सम्बन्ध भक्तों को रास नहीं आते। उसकी भी छान-बीन करें। इसके अलावा बुवा के समीप रहनेवाले लोग, भक्त, क्या गुनहगार, आरोपी या गुंडे हैं, और यदि हैं तो क्या उनके ऊपर कार्रवाई चल रही है, इसकी भी जानकारी प्राप्त करें। इसकी भी ख़बर रखें कि क्या बुवा किसी क़ानून की चपेट में फँस गया है? हथियार रखना, स्मगलिंग, मारपीट, आतंकवाद, अनैतिक व्यवहार, गांजा, चरस रखना आदि के साथ अन्धविश्वास उन्मूलन का कोई सम्बन्ध नहीं रहता, फिर भी यह जानकारी बुवा के ख़िलाफ़ प्रभावी रूप से उपयोगी सिद्ध होती है। सतारा के नज़दीक उडतारे में प्रतिज्ञानन्द महाराज ने देखते ही देखते अच्छी तरह से अपना डेरा जमाया। आकर्षक व्यक्तित्व। प्रवचन की प्रभावी शैली। हाथी पर बैठाकर उनकी शोभायात्रा निकाली गई। इसे उस समय भारी मात्रा में बिकनेवाले 'श्री साप्ताहिक' ने कवर स्टोरी बनाया। खोज-बीन के उपरान्त पता चला कि वह नौकरी में ग़ैरक़ानूनी काम कर भागा हुआ निलम्बित पुलिस अधिकारी है। इससे उसके ख़िलाफ़ का संघर्ष आसान बना। इसके साथ 'मैजिक रेमिडीज एक्ट', 'ग्राहक सुरक्षा क़ानून', 'मेडिकल प्रैक्टिशनर्स एक्ट,' 'आई.पी.सी. 415 से 420' जैसे क़ानूनों के तहत यह कार्रवाई करना सम्भव है, इस दृष्टि से भी विचार करना चाहिए। आन्दोलन के प्रति सहानुभूति रखनेवाले वकीलों से चर्चा कर बुवा की करतूतों से क़ानून की किस धारा को भंग किया जाता है, इसे समझ लें। साथ ही यह भी समझ लें कि बुवा पर छापा मारनेवाले कार्यकर्ताओं पर कौन सी कार्रवाई होगी, वह न हो इसलिए क्या करना चाहिए।

बुवा की कथित शक्ति के बारे में हमेशा अफ़वाह फैलाई जाती है। जिस व्यक्ति के द्वारा वह फैलाई जाती हो, उससे भेंट करें, जानकारी लें। इससे ये

दावे झूठे होने के सबूत मिलेंगे।

बुवा या बाबा पर छापा मारते या संघर्ष करते समय हमेशा इस बात का ख़याल रखना चाहिए कि बुवा के समर्थकों में क्या आर्थिक, सामाजिक तथा राजनीतिक दृष्टि से प्रतिष्ठित लोगों के साथ शासकीय अधिकारी भी रहते हैं। उसे बदमाश, गुंडों तथा शिष्यों का भी सहयोग मिलता है। यह निर्धारण रखें कि एकाध बुवा पर छापा नहीं मारा तो भी चलेगा लेकिन छापा और किया गया प्रयत्न सफल ही होना चाहिए। यदि छापा असफल रहा तो बुवा भक्तों को समझाते हैं कि मेरा कोई कुछ नहीं बिगाड़ पाएगा। गुरुडम के अन्धविश्वास उन्मूलन का संघर्ष पूर्णतः क़ानूनी चौखट में ही चलता है, इसी कारण कोई भी असंवैधानिक कृत्य, गुंडापन, मारपीट कर गुरुडम को रोकने के मार्ग को समिति ने कभी भी नहीं अपनाया। समिति का आग्रह है कि बाक़ी लोग भी ऐसा न करें। जैसे-जैसे प्रतिज्ञानन्द महाराज से सम्बन्धित एक-एक सत्य उजागर होने लगा, वैसे-गाँव का एक गुट उनके ख़िलाफ़ क्षुब्ध हुआ। बाबा को पीटकर सीधा करने का आग्रह करने लगा। हमारी शान्तिपूर्ण तथा संवैधानिक संघर्ष की भाषा उन्हें झुकनेवाली लगने लगी। उन्होंने स्वयं ही नेतृत्व कर बाबा पर हमला किया। इसके ख़िलाफ़ बाबा ने पुलिस थाने में शिकायत दर्ज कराई। आगे कुछ दिनों बाद बाबा फरार हुआ। लेकिन फौजदारी मुक़दमे में कोर्ट के चक्कर लगाते और वकील की फीस देते-देते ये लड़ाकू कार्यकर्ता पूरी तरह से थक गए। संवैधानिक तरीके से, निर्धारण तथा युक्ति से आन्दोलन किया जा सकता है, उसे सफल भी बनाया जाता है। लेकिन इसके लिए फ़ाज़िल आत्मविश्वास और लापरवाही को टालना होगा। बुवा को पकड़ना एक ख़तरे से भरी लेकिन रोमहर्षक कार्रवाई है। किसी भी समय परिस्थिति तनावपूर्ण और क़ानून की दृष्टि से गम्भीर होने की सम्भावना को ध्यान में रखकर कुछ करें, और जिन्हें नौकरी के नियम बाधा बनेंगे, वे इसमें सहभागी न बनें तो अच्छा। बुवा के ख़िलाफ़ संघर्ष करने के पूर्व पुलिस को पत्र देना, हस्ताक्षर-मुहर के साथ रसीद लेना, उसकी प्रति सँभालकर रखना, सिविल पोशाक की पुलिस अपने साथ लेना जैसी बातें ज़रूर करें। बुवा पर छापा डालकर उसे पकड़ने के लिए जाना हो तो यह पत्र छापे के दो घंटे पहले दें। इससे पुलिस स्टेशन द्वारा बुवा तक छापे की जानकारी पहले ही मिलने की सम्भावना कम रहती है। हमने अंगापुर में निर्मल माता के ख़िलाफ़ तीव्र निदर्शन किए। उसके भक्तों ने हम पर हमला कर मार-पीट की और हम पर ही झूठा मुक़दमा दर्ज किया। वह आठ

साल तक चला। हमने जब निदर्शन किए तब पुलिस मौके पर नहीं थी, लेकिन हम निदर्शन करनेवाले हैं इसकी पूर्वसूचना पुलिस को देने की टिप्पणी हमारे लिए बहुत बड़ा सबूत सिद्ध हुई। कार्यकर्ताओं को बेवजह मारपीट, हिरासत न झेलनी पड़े, और कोर्ट के चक्कर न लगाने पड़े इसकी सावधानी हमेशा रखनी पड़ती है। लेकिन गाँठ बदमाशों के साथ होने से हर समय यह सम्भव होता है ऐसा नहीं।

छापा डालने के लिए जाते समय वकील कार्यकर्ता साथ में हो तो अच्छा है लेकिन उसके न होने पर एक-दो अनुभवी कार्यकर्ता ज़रूर साथ रहने चाहिए। सीखने के लिए नए कार्यकर्ता भी साथ रहें। अकेले कार्यकर्ता को कभी भी नहीं जाना चाहिए। सुचारु रूप से की पूर्व तैयारी, अचूक नियोजन और अनुशासन के साथ की गई कार्रवाई से गुरुडम के ख़िलाफ़ किया यह संघर्ष आन्दोलन को अलग ही उत्साह देता है। कभी-कभी बुवा पागल होता है। वह नाममात्र को रहता है। कर्ताधर्ता कोई और ही रहता है। पहले ही इस परिस्थिति को अच्छी तरह से समझें नहीं तो कार्रवाई कठिन बनती है। इसलिए संघर्ष करते समय हमेशा मन को आगाह करना चाहिए कि हम गुरुडम के ख़िलाफ़ हैं। अपने मन में फंसे हुए भक्तों के बारे में दया, प्रेम और सहानुभूति रहनी चाहिए। उनके नाम मीडिया को नहीं देने चाहिए।

बुवा पर छापा मारने के लिए जाते समय कुछ चीज़ें साथ में होनी चाहिए। इससे कार्रवाई आसान बनती है, साथ ही समय का दुरुपयोग नहीं होता। पुलिस अधिकारी को बुवा से सम्बन्धित दी जानेवाली अर्जी दो प्रतियों में होनी चाहिए। टेपरिकॉर्डर, कैसेट, सेल, कैमरा, रोल फ्लैश साथ में रखें। 20 रुपए का स्टैम्प पेपर भी पास हो। नमूना इक़रारे जुर्म साथ लेकर जाए। पेन भी चाहिए। उँगलियों के निशान लेने के लिए पैड चाहिए। 'मैजिक रेमेडीज 1954' क़ानून का जेरॉक्स साथ रखें। पत्रकारों के फोन नम्बरों के साथ अपवादात्मक परिस्थिति पैदा हुई तो पुलिस की सीटी के समान सीटी, पुलिस अधीक्षक, कलेक्टर आदि के फोन नम्बर भी पास होने चाहिए। छापा डालने के लिए जाने पर फोटोग्राफर कार्यकर्ता स्वतंत्र रूप से फोटो खींचें। फोटोग्राफर यदि व्यावसायिक हो तो और भी अच्छा। फोटो में जगह के महत्त्वपूर्ण सुराग, लिखावट, बोर्ड, बुवा का साहित्य, मंडप आदि आना चाहिए। प्रत्यक्ष कृति के लिए चलते समय तनावपूर्ण वातावरण में फोटो खींचना कठिन होता है, इसका अभ्यास रहे। बुवा की स्वतंत्र तसवीर निकालें। कभी-कभी स्वयं बुवा इसके लिए उत्सुक रहता है। बुवा की शरण में आने तथा

पुलिस द्वारा गिरफ़्तार करने की तसवीर ज़रूर खींचें।

नकली ग्राहक भेजकर मिली जानकारी के आधार पर छापा डालें या न डालें इसे तय करें। छापे की रूपरेखा पूर्णत: नियोजित रहे। कौन, कैसी भूमिका निभाएगा यह पहले तय करें। इससे सम्बन्धित अनुशासन को सख़्ती से अपनाएँ। छापे के समय उपस्थित रहनेवाली स्त्रियों को हमेशा माँ, मौसी, दीदी संबोधित करें। छापा डालनेवाले मुठ्ठीभर कार्यकर्ताओं से भक्तों की संख्या अधिक रहती है, उनकी भावनाएँ तीव्र रहती हैं, इसे ध्यान में रखकर प्रतिवाद तथा चर्चा शान्ति से करें। हमेशा यह बोलते रहें कि, देव धर्म के नाम पर बुवा से आर्थिक, मानसिक धोखा हो रहा है, इससे देव धर्म की बदनामी हो रही है।

बुवा के साथ चर्चा में छापे का प्रमुख ही सहभागी हो। अन्य कार्यकर्ताओं के बोलने पर उन्हें नियंत्रक और भक्तों के बोलने पर उन्हें पुलिस शान्त करे। आरम्भ में बुवा का नाम, गाँव, शिक्षा, व्यवसाय, नौकरी, रोजी-रोटी का माध्यम, पत्नी-बच्चे आदि से सम्बन्धित प्रश्न पूछें। उसके महाराज बनने तथा इस क्षेत्र में आने से सम्बन्धित प्रश्न हो। यह भी जानकारी लें कि वह कौन-कौन से मंत्र जानता है, भूत-भानमति, जादू-टोना से सम्बन्धित कौन से चमत्कार करता है। यह जानकारी रिकॉर्ड होने तक इस बात का रोब जमाना है कि हम कोई पत्रकार, भक्त या अध्येता हैं। किसी भी हालत में भक्तों से वाद-विवाद तो दूर बल्कि उन्हें बहस में शामिल होने का भी मौका न दें। देखते ही देखते परिस्थिति नियंत्रण से बाहर जाने का धोखा रहता है। स्त्रियों से वाद-विवाद न करें। एक बार बुवा की ओर से आनेवाले दावे ख़त्म हुए तो उसे सम्बन्धित धर्मग्रंथों को चर्चा में ले जाएँ। इसके लिए स्वयं धर्म तथा धर्मग्रंथ का थोड़ा-बहुत अध्ययन अवश्य करें। कुरान में चमत्कार के लिए जगह नहीं है। सन्त तुकाराम, सन्त गाडगे महाराज, विवेकानन्द, सावरकर ने चमत्कार, गुरुडम, दैवी शक्ति पर कठोर शब्दों का प्रयोग किया है। उनके वचनों का प्रयोग करें। उसके दावों में से आह्वान में बैठनेवाला दावा सिद्ध करने का आह्वान देकर पाँच लाख के बख़्शीश की जानकारी दें। यह भी बताएँ कि पिछले पचास सालों में पूरे विश्व में कोई भी इस बख़्शीश को जीत नहीं पाया है। इसी सुर में यह भी बताएँ कि उसके द्वारा किए जानेवाले कृत्य किस धारा में कौन से गुनाह हैं, उनकी सज़ा क्या है। यह भी बताएँ कि हम विधिवत बड़े अधिकारी के पास शिकायत करके अपने साथ पुलिस लेकर आए हैं। उसे बोलने का ज़रा भी मौका न देकर उसके सामने दो विकल्प रखें। एक, आज तक किए गए कृत्य का

लिखित इकबाले दावा और पुनः ऐसे प्रकार न करने की हामी दें। साथ ही भक्तों के पैसे वापस देने का भरोसा भी। दूसरा पर्याय याने सीधे क़ानूनन कार्रवाई। उसके विचार करते समय उसके गुनाहों और ग़लतियों का पहाड़ा पढ़ते रहें और पुलिस जल्दबाजी करे। इकबाले दावा देने पर बीस रुपए के स्टैंप पेपर पर अपनी ओर से ले आए विहित नमूने पर उसका बयान दर्ज करें। उस पर उसके हस्ताक्षर हों। यह सम्भव न होने पर जबाब के नीचे उसका हस्ताक्षर और अँगूठा लें। साथ ही अपने दो साक्षीदारों के भी हस्ताक्षर लें। बुवा के इकबाले दावे के लिए तैयार न होने पर तुरन्त पुलिस में शिकायत दर्ज करें। कार्रवाई पूर्ण होते ही अपने सभी मिलकर वहाँ से बाहर निकलें। चर्चा करते हुए न रुकें। ऐसा नहीं है कि हर कोई बाबा कथित दैवी शक्ति का आधार लेकर खुलकर फँसाता है। इसी कारण बाबा के इलाके में इधर-उधर घूमते समय आँख और कान खुले रखें। बुवा के ख़िलाफ़ उपयोगी सिद्ध होनेवाली चीज़ें, जैसे—स्त्रियों के प्रेमपत्र, अश्लील चित्र तथा पुस्तकें, भक्तों की सूची, पैसों के तफ़सील, नशे की चीज़ें आदि के मिलने पर छापा अधिक आसान बनता है। बुवा के पास तलवार आदि होने की बात समझते ही तुरन्त पुलिस थाने में ख़बर दें, यह बहुत बड़ा गुनाह है। कभी-कभी बुवा और उसके भक्त बड़ी चतुराई से आपको पेय, खाने तथा भेंट की वस्तुएँ देते हैं। इसे स्पष्ट रूप से नकार दें। लातूर के मल्लीनाथ महाराज समिति के आगे झुक गए। समिति के कार्य का ग़ौरव किया। कार्यकर्ताओं का सत्कार कर उन्हें वस्त्र भेंट दिए। बड़े बाबा के पीछे हटने पर मजबूर करने की ख़ुशी में कार्यकर्ता वापस आए। दूसरे दिन बाबा ने पुलिस थाने में शिकायत दर्ज की। कल रात कार्यकर्ताओं ने मेरे मठ पर डाका डालकर वस्त्र चुराए। कई बार बुवा के साथ उसकी स्त्री भक्त भी होती हैं। बाबा पर डाला गया छापा उन्हें अच्छा नहीं लगता। ज़िला धुले के असलोद के बच्चे देनेवाले डॉक्टर बाबा पर समिति द्वारा छापा मारने के दूसरे दिन सुबह केवल महिलाओं ने पुलिस थाने में घेरा डाला। इस पर ग़ौर करना चाहिए। कुछ स्त्रियाँ कार्यकर्ताओं को दूसरी ओर ले जाकर महत्त्वपूर्ण जानकारी देने का बहाना बनाती हैं। ऐसी स्त्री के मोह जाल में फँसकर कार्यकर्ता को उस स्त्री के साथ थोड़ी दूर जाने पर वह उस पर चरित्र हनन का आरोप लगा सकती है, इसकी सम्भावना पर भी ध्यान देना चाहिए। गुरुडम के ख़िलाफ़ लड़ते समय यह कभी भी न भूलना चाहिए कि हमारा सामना बदमाशों से है। छापा डालने के लिए जाते समय हम अपनों में से किसी एक को नियंत्रक बनाएँ। वह पूरी कार्रवाई नियोजनपूर्वक होने

की ओर ध्यान दे। यदि कुछ गड़बड़ी है तो तुरन्त सूचना दें। विस्फोटक वातावरण निर्माण होने पर छापा अधूरा छोड़कर पीछे हटने का निर्णय करना हो तो वह भी नियंत्रक ही करे। वह किसी भी परिस्थिति में वाद-विवाद तथा चर्चा में हिस्सा न ले। लेकिन चर्चा करनेवाले कार्यकर्ता का सन्तुलन बिगड़ता देख उसे चुप रहने को कहकर दूसरे योग्य व्यक्ति को चर्चा आगे बढ़ाने की सूचना दे। सिविल पोशाक वाली एक पुलिस अपने साथ रखें। आवश्यकता के अनुसार केवल नियंत्रक ही उसका मार्गदर्शन करें। परिस्थिति हाथ से बाहर जाने की सम्भावना को देख अपने पास होनेवाली सीटी ज़ोर से बजाएँ, उसकी आवाज़ सुनकर बाहरी दिशा में रहनेवाले कार्यकर्ता तुरन्त नज़दीकी पुलिस थाने से सम्पर्क करे। छापा डालने के लिए जानेवाले कार्यकर्ता अपने पास किसी भी प्रकार के शस्त्र न रखें।

छापा डालने की कार्रवाई पुलिस अधिकारियों की मदद के बिना सफल नहीं हो पाती। इसलिए छापे से सम्बन्धित समाचार में पुलिस का नाम, मोबाइल नम्बर, अधिकारी का ओहदा आदि दिया जाए। प्रकाशित हुए समाचार उन्हें दिखाएँ, भेजें। छापे की कार्रवाई पूरी होते ही कार्यकर्ता त्वरित कहीं बैठकर चर्चा करें। कार्रवाई के समय के गुण-दोष खुले रूप में बताएँ। ग़लतियाँ कैसे सुधारें इस पर विचार करें। छापे से सम्बन्धित लेख आठ दिन के अन्दर फोटो के साथ स्थानीय समाचार-पत्र में प्रकाशित करवाने का प्रयत्न करें। संघर्ष का पूरा रिकॉर्ड ठीक तरह से सँभालकर रखें।

छोटी चीज़ें भी महत्त्वपूर्ण होती हैं, इसका एहसास होने पर कुछ ग़लतियाँ टाली जा सकती हैं। यह पता नहीं होता है कि बुवा का स्थान किस पुलिस थाने के दायरे में आता है। कई बार टेप रिकॉर्डर शुरू नहीं होता, लेकिन वह चल रहा है, ऐसा मानकर कार्यकर्ता शान्त बैठता है। आवश्यक चीज़ें ऐन वक़्त पर ख़रीदी जाती है। संस्था का लेटरहेड पास नहीं होता। बुवा के कार्यक्रम का निश्चित समय और दिन पता नहीं होता। शाम पाँच बजे के बाद स्टैम्प मिलना कठिन होता है, यह सामान्य सी बात लोग भूल जाते हैं। प्रतिविवाद के आवेश में ग़लत आह्वान किया जाता है, या बुवा, भक्त, देव, धर्म के बारे में ग़लत शब्दों के प्रयोग से मुहिम हाथ से निकल जाती है।

छापा डालने पर वातावरण सामान्य होने तक अकेले निर्जन क्षेत्र, अँधेरे में या बुवा के इलाके में घूमना उचित नहीं रहता। बाबा अथवा उसके भक्त ग़ुस्से में छापा डालनेवाले कार्यकर्ताओं से मारपीट करते हैं तथा अलग प्रकार

की क़ानूनी कार्रवाई में फँसाने का प्रयास करते हैं। ऐसे वक़्त अपने समविचारी संगठनों की मदद लें। पुलिस सुरक्षा की माँग करें। समाचार-पत्र में ख़बर दें। वकील की सलाह लें। अपनी राय कथन करनेवाली या मदद माँगनेवाली अर्जी की प्रतियाँ, ए.डी. से मुख्यमंत्री, गृहमंत्री, ज़िलाधीश, पुलिस प्रमुख के पास भेजें। मल्लीनाथ महाराज ने समिति के कार्यकर्ताओं पर झूठे दावे दाख़िल किए। कार्यकर्ताओं की गिरफ़्तारी के वॉरंट निकले। लातूर में इसके विरोध में सभी दलों और संगठनों की कृति समिति की स्थापना की गई। बुजुर्ग अभिनेता श्रीराम लागू की अध्यक्षता में मूक पदयात्रा निकाली गई। ज़िला पुलिस प्रमुख से मुलाक़ात की। इन सभी का परिणाम अच्छा रहा।

बुवा की क्षमता और कार्यकर्ताओं की क्षमता, बुवा की कमज़ोरी और कार्यकर्ताओं की कमज़ोरी संक्षेप में निम्न रूप में दिखा सकेंगे :

बुवा की क्षमता	**कार्यकर्ताओं की क्षमता**
पैसा	ईमानदारी
गुंडागर्दी	वैज्ञानिक दृष्टिकोण
चमत्कार	पुलिस यंत्रणा
धर्म का आधार	कार्यकर्ताओं की संख्या
भक्त और उनके संगठन	समविचारी संगठन
	मीडिया का सहयोग
	प्रमाण/गवाह

बुवा की कमज़ोरी	**कार्यकर्ताओं की कमज़ोरी**
घमंड	पैसों की कमी
गुनहगार पृष्ठभूमि	कार्यकर्ताओं की संख्या
लालच	अनुशासन और पूर्वतैयारी
स्त्री के प्रति कामुकता	समय तथा अभ्यास की कमी
व्यसन तथा बुरी आदतें	
झूठ	

संघर्ष छेड़ते समय इन बातों का ख़याल हमेशा रखें। इससे उसकी सफलता में मदद मिलती है।

कौल विवेक का

गुरुडम के ख़िलाफ़ संघर्ष हमेशा आन्दोलन के आकर्षण का केंद्र रहा है। गुरुडम शब्द बड़ा व्यापक है। कथित बुवा-बाबा, स्वामी-महाराज, मांत्रिक, ओझा, सन्त-महंत जैसे सारे लोग आध्यात्मिक दैवी शक्ति का छुपाकर या खुलकर प्रसार कर लोगों को दिग्भ्रमित करने का व्यवसाय करते हैं। इनमें से हर एक के तंत्र-मंत्र, ग्राहक तथा कार्यपद्धति अलग-अलग रहती है। इनमें से जो ठेठ रूप में गुरुडम करते हैं वे सहज ही नज़र आते हैं। भूत उतारनेवाला भगत, जादूटोना करनेवाला मांत्रिक, शरीर में सवार होकर हाथ में लिए कुंकुम को अबीर बनानेवाली स्त्री, शरीर में न रहनेवाली कुंडलिनी को जाग्रत करनेवाली निर्मला माता और अपने आप को चमत्कार का अवतार समझनेवाले सत्यसाईं बाबा ये सारे अपने अपने स्तर पर गुरुडम ही करते हैं। लेकिन चमत्कार के साथ जोड़े गए इस गुरुडम से संघर्ष करना थोड़ा आसान रहता है, क्योंकि ये चमत्कार वैज्ञानिक दृष्टिकोण से और खुले तौर पर विसंगत होते हैं। संविधान में वैज्ञानिक दृष्टिकोण को नागरिकों का कर्तव्य बताया है। इसी कारण चमत्कारों के अस्तित्व को मान्य करना इस कर्तव्य से च्युत होना ठहरता है। यदि किसी ने बड़े आग्रह से दावा किया तो उसे जाँच की खुली चुनौती दी जाती है। उपचार के साथ जुड़े गुरुडम के ख़िलाफ़ कुछ क़ानून अपने सीमित दायरे में सहयोगी सिद्ध होते हैं।

ऐसे संघर्ष करने पर एक निश्चित सलाह मिलती है। 'कई जगहों पर ढोंग, धोखा, लूट चल रही है। एक अर्थ से यह भी गुरुडम ही है। इसके ख़िलाफ़ समिति आन्दोलन क्यों नहीं करती?' समिति के ऐसे प्रकारों को निश्चित विरोध होने पर भी समिति ने इस प्रकार के संघर्ष को अपने कार्य का हिस्सा नहीं बनाया है। इस सम्बन्ध में कुछ गहराई में जाकर विचार करने पर गुरुडम का असली स्वरूप ध्यान

में आएगा। मूलतः किसी भी तरह से इलाज या चमत्कार करनेवाले बाबा संख्या में कम ही होते हैं। लेकिन ऐसा कुछ न करने पर भी जिनके इर्द-गिर्द अधिक मात्रा में या कुल विचार करने पर बड़ी मात्रा में लोग जाते हैं, ऐसे बाबा-बुवा-स्वामी-महाराज की मात्रा समाज में अधिक रहती हैं। लोगों को ये बाबा-बुवा तारणहार लगते हैं। इनमें से उपचार, चमत्कार न करनेवाले बाबा या महाराज ये सब परमार्थ, ईश्वरभक्ति, ईश्वरप्राप्ति आदि ब्रह्मज्ञान के नाम पर ही करते हैं। बाबा-बुवा की असली ताक़त धोखा देने की कला में न होकर, लोगों के मन में कथित परमार्थ के बारे में परम्परा से आई विलक्षण मान्यता को बख़ूबी से अपने साथ जोड़ने में रहती है। ऐसे गुरुडम का वर्णन या व्याख्या करनी हो तो उसे 'परमार्थ के रास्ते की बदमाशी' कहेंगे या 'जो इस व्यवस्था से निर्माण होनेवाले दुख के कारण या उसके उपाय, विवेकवादी विचारधारा से विसंगत रहनेवाली दैव जैसी भ्रामक कल्पनाएँ, अनेकानेक अन्यायी रूढ़ियाँ, कलाविसंगत परम्पराओं का समर्थन करते हुए बताता है, प्रश्न का उत्तर निकालने का अवैज्ञानिक ग़लत रास्ता दिखाता है और सभी तरह का धोखा तथा शोषण करता है, वह बुवा है और उसकी कार्यप्रणाली 'गुरुडम' है।' न्यायालय, निर्बंध, आन्दोलन आदि रास्तों से अन्य क्षेत्रों के दोष मिटाए जाते हैं, लेकिन प्रच्छन्न धोखे की बातों को छोड़ दें तो परमार्थ और ब्रह्मज्ञान ऐसा क्षेत्र है जहाँ क़ानून के हाथ नहीं पहुँचते। अधिकतर लोग इसकी ज़रा सी भी जानकारी नहीं रखते, वे समझते नहीं या समझने की इच्छा नहीं रखते। लोग गतानुगतिक होकर उसमें ही सार्थकता मानते हैं, इससे जन आन्दोलन सम्भव नहीं बनता।

गुरुडम का यह एक रूप है। लेकिन बाबा को अपना रक्षक माननेवाले भक्तों की मानसिकता को समझना यह उसका एक और रूप है। उस मानसिकता को सही तरह से समझे बिना गुरुडम के ख़िलाफ़ के वैचारिक संघर्ष का अर्थबोध नहीं होगा। अर्थात, इस मानसिकता से भी कई महत्त्वपूर्ण लेकिन अनुषंगिक बातें जुड़ी रहती हैं जिससे लोगों या भक्तों के मन पर प्रभाव डालनेवाले अद्‌भुत रसायन बनते हैं।

ईश्वर की मूर्तियाँ सभी ओर होती हैं लेकिन दगडूशेठ हलवाई (पुणे) गणपति या सिद्धिविनायक (मुम्बई) का माहात्म्य कुछ अलग ही है। बालाजी के मन्दिर नए नहीं हैं लेकिन तिरुपित का बालाजी मात्र एकमेवाद्वितीय है। इसका अलग प्रकार से स्पष्टीकरण बताया जाता है कि इस जगह या मूर्ति में अद्‌भुत सामर्थ्य है। असल में ऐसा अद्‌भुत सामर्थ्य तो टोना-टोटका प्रकार में होता है। लेकिन इसे मान्य करना बिल्कुल असम्भव। प्रत्यक्ष रूप से जो घटित होता है और भक्त

मानता है कि, इन विशेष मूर्तियों की उपासना करने पर इनके अद्भुत सामर्थ्य से संकट दूर हो जाएगा। ऐसी भावना रखी जाती है कि, यह दैवी सामर्थ्य जीवन में आए किसी भी छोटे-बड़े संकट से हमें दूर रखेगा। अर्थात, अधिकतर समय यह सारा अव्यक्त रूप में अपने पास ही रखा जाता है। ज़ाहिर तौर पर कुछ अलग ही बताया जाता है। वह भी महत्त्वपूर्ण होता है। जैसे—'हम इन विशिष्ट मूर्तियों की भक्ति करते हैं, इसमें कुछ और साध्य नहीं करना है। केवल भक्ति ही प्राप्त करनी है।' 'यह भक्ति किसलिए?' इसका उत्तर तुरन्त से मिलता है कि 'इस भक्ति में जीवन की सार्थकता है।' 'यह सार्थकता किससे मिलती है?' इसका उत्तर मिलता है कि 'इस भक्ति से जीवन का आध्यात्मिक कल्याण घटित होता है, इसके बाद मात्र यह प्रश्न अप्रस्तुत रहता है कि 'आध्यात्मिक कल्याण क्या होता है, इसका सबूत दीजिए।' क्योंकि ऐसा सबूत न माँगें ऐसी धारणा रहती है। इसके विपरीत यह प्रश्न पूछा जाता है कि 'सबूत क्यों चाहिए? उनका वह अधिकार है।' आगे ऐसी भी टीका की जाती है कि, क्या माँ-बाप, गुरुजनों की हर बात पर सबूत माँगते हो? आइंस्टाइन जैसे महान वैज्ञानिक ने सापेक्षतावाद का सिद्धान्त प्रस्तुत किया। क्या उससे भी सबूत माँगोगे?' उपर्युक्त सारी दलीलें विशिष्ट देवता की विशिष्ट मूर्ति के अलौकिकत्त्व के बारे में की जाने के बावजूद इसी प्रकार की दलीलें अपने अपने बाबा, गुरु, महाराज, स्वामी के भक्त बने लोग करते रहते हैं। बाबा की कृपादृष्टि से मिलनेवाली आनन्द की अनुभूति और मिलनेवाला चरमकोटि का आध्यात्मिक कल्याण यह उनकी दृष्टि से अनुभूति का हिस्सा रहता है। इसके सबूत की आवश्यकता नहीं रहती। इस प्रकार का सबूत माँगना यह कोई अच्छी बात नहीं होती। इससे बेवजह विश्वास टूट जाता है।

संविधान में नागरिकों के कर्तव्य के रूप में बताए गए वैज्ञानिक दृष्टिकोण का मुख्य तत्त्व है—'एकाध बात पर जितने सबूत प्राप्त हैं उन पर ही विश्वास करें।' असल में रोज़मर्रा के जीवनयापन में भी हम इसका पालन करते हैं। या विवेकी नागरिक के रूप में इसका पालन करने की अपेक्षा की जाती है। माँ विश्वास रखती है इसलिए उसकी सूचना से ग्रहण काल में दरवाज़े-खिड़कियाँ बन्द रखने की आवश्यकता नहीं रहती। पिता पर विश्वास होकर भी 'प्राण जाए पर वचन न जाए' के उनके विचार का कड़ा विरोध कर बेटा अन्तरजातीय विवाह कर सकता है। पाठशाला में अध्यापक केवल पृथ्वी गोल है, और उसके सूर्य के इर्द-गिर्द चक्कर लगा कर घूमने की बात नहीं बताते, बल्कि उसका आधार

बताकर, उसे जाँचने की पद्धति भी सिखाते हैं। कम से कम वे ऐसा सिखाएँ ऐसी अपेक्षा रखी जाती है। एक विशिष्ट पड़ाव पर वरिष्ठता प्राप्त अध्यापक, दूसरे पड़ाव पर अपने शिष्य के सहयोगी बन सकते हैं। इससे श्रेष्ठ-कनिष्ठता को न मानकर विचारों का आदान-प्रदान हो सकता है। आइंस्टाइन के सिद्धान्त को समझने के लिए आवश्यक अभ्यास और परिश्रम करने की तैयारी रखनेवाले किसी भी सुजान नागरिक को उसे समझना सम्भव है। न्यूटन के सिद्धान्त की कमियाँ आइंस्टाइन दूर कर सकता है और किसी ने भी उसकी कमियाँ दिखाईं तो विज्ञान जगत में उसका स्वागत ही होगा। संक्षेप में, प्रमाण की माँग करना, उसके लिए प्रश्न पूछना ये समझदारी का स्वीकार्य आचरण है। यह प्रगति मनुष्य को आगे ले जाती है, उसका विकास और उन्नति करती है। छोटे बच्चे कई फ़ैसलों के लिए माँ-बाप पर निर्भर रहते हैं। जैसे-जैसे वे बड़े हो जाते हैं वैसे-वैसे स्वतंत्र रूप से अपने फ़ैसले लेते हैं। हम यह समझ सकते हैं कि, व्यक्ति प्रौढ़ होने पर भी माँ-बाप से पूछकर ही सारे निर्णय लेने लगे तो अभिभावकों द्वारा उसका किया गया पालन-पोषण अधूरा तथा अनुचित है। इसी तर्क से निश्चित तौर पर ऐसा भी कह सकते हैं कि असली गुरु वही है जो शिष्य को दृष्टि देता है, उसे अपने पैरों पर खड़ा करता है, जीवन में अपने कर्तत्व से लड़ने की हिम्मत बाँधता है। जो गुरु अपने भक्त के जीवन में आई सभी समस्याओं की ज़िम्मेदारी लेने का दावा करता है, वह अपने भक्त को कमज़ोर बनाता है, गडोलना देता है, दूसरों पर निर्भर रहने को विवश करता है, वह असली गुरु नहीं है।

हर भक्त अपने-अपने बाबा, बुवा, स्वामी, महाराज को ईश्वर के रूप में देखता है। ज्ञान प्राप्ति के लिए गुरु के पास जाना, उसके सान्निध्य में रहना तथा प्रश्न पूछना उचित तथा आवश्यक है। लेकिन इसके भी आगे जाकर उपनिषदों में भी गुरुसेवा और गुरु कृपा को महत्त्व न देकर कुशाग्रता, तीव्र जिज्ञासा, बौद्धिकता और कठोर परिश्रम को महत्त्व दिया है। लेकिन बाद में गुरु द्वारा कान फूँकना, दीक्षा गुरु करना, गुरु की कृपा से जीवन का उद्धार होना आदि का महत्त्व बढ़ गया। साथ ही जीवन का अन्तिम और सर्वोच्च उद्देश्य ब्रह्मज्ञान और मोक्ष की प्राप्ति ही माना गया। इसका निश्चित अर्थ लगाना व्यक्ति के लिए सम्भव नहीं था लेकिन गुरु द्वारा वह सम्भव है। इस कल्पना से यदि मोक्ष प्राप्त करना है तो पूर्णतः गुरु की शरण में जाना, उसकी सेवा करना, उसे प्रसन्न कराने से मनुष्य कृतार्थ होता है, ऐसी समझ समाज में पक्की बनी है। वह आज भी मौजूद है। मराठी के

'गुरुचरित्र' ग्रंथ में गुरुकृपा का वर्णन आया है। ये सारा विवेचन आख्यान, कहानी और सकाम भक्ति की दृष्टि से बुद्धि से परे होकर तर्कदृष्टि से विचार करने लायक नहीं है। लेकिन ऐसे ग्रंथों के परिणाम जनसामान्य पर होते हैं तथा टिके रहते हैं। इसी कारण आसाराम बापू जैसे आज के महाराज गुरु के बारे में बताते हैं—प्रतिष्ठित समाचार-पत्र 'टाइम्स ऑफ़ इंडिया' में प्रकाशित साक्षात्कार में आसाराम बापू ने यह गुरुपुराण बताया है। उसमें से थोड़ा सा हिस्सा भी गुरुबाजी यानी सीधे गुरुडम से जाकर भिड़ने की स्वाभाविक सम्भावना को स्पष्ट करता है। वे कहते हैं, "जिस प्रकार से हम अच्छी पाठशाला, अच्छे अध्यापक तथा अच्छे डॉक्टर को ढूँढ़ते हैं उसी प्रकार से हर कोई अच्छे गुरु की खोज करे। 'स्कंदपुराण' में ऐसे गुरु के बारे में शिवशंकर ने पार्वती को बताया है। गुरु शिष्य के सारे सन्देह जड़ से उखाड़ फेंकता है, सारा डर निकालता है, जीवन-मृत्यु के फेरे से उसे बचाता है। ऐसे गुरु को सद्गुरु कहा जाता है। उसके मात्र दर्शन से वासना और विकार गलकर अक्षय आनन्द का संचय मिलता है। गुरु के कारण ही जन्म-मृत्यु के फेरे से मुक्ति मिलती है। पूर्वजन्म का पुण्य हो तो ऐसा गुरु मिलता है। गुरु लोगों तथा भक्तों का दुख तीन तरह से दूर कर सकता है—1. ध्यान, प्राणायाम, मंत्र जैसे आध्यात्मिक मार्ग से, 2. बौद्धिक स्तर का सत्संग और 3. गुरु की इच्छाशक्ति। अपने आसपास के दैवी वलय तथा स्पंदनों से लोगों की बीमारियाँ दूर करने तथा आनन्द लहरी करोड़ों लोगों तक पहुँचाने का काम गुरु करता है। अन्धविश्वासी बनकर गुरु के पैरों पर अपनी बुद्धि पूर्णतया गिरवी रखने से ही ऐसी गुरुभक्ति सम्भव है। लेकिन जिस गति से बाबा-बुवा, गुरु, सद्गुरु, स्वामी, महाराज की संख्या बढ़ रही है, उसे देखते हुए आज आसाराम बापू द्वारा वर्णित मानसिकता ही गुरुडम की शरण में जाते हुए अपना प्रभाव छोड़ रही है। अपने समकालीन गुरु की खोज कर सम्पूर्ण भक्तिभाव से उसकी शरण में जाने के विचारों की देन मध्यकाल के कबीर, नानक तथा कुछ मुस्लिम सन्तों की है। उनका प्रतिपादन है कि स्वयं की आत्मा को परमेश्वर से जोड़ने का काम गुरु द्वारा गुरु भक्ति से सम्भव होता है।

ज्ञानेश्वर ने 'ज्ञानेश्वरी', 'अमृतानुभव' और अपने फुटकर अभंगों (मराठी का काव्य प्रकार) में गुरुभक्ति और गुरु कृपा का भरपूर वर्णन किया है। प्रचलित कई सम्प्रदायों में जो गुरुभक्ति का गुणगान है और अपने-अपने बाबा को गुरु के रूप में देखने की जो मानसिकता समाज में नज़र जाती है, सम्भवत: उसकी वजह ज्ञानेश्वर द्वारा प्रकट की गई गुरुभक्ति ही रही होगी। ज्ञानेश्वर ने 'ज्ञानेश्वरी'

के छठे अध्याय के अन्त में एक सुंदर रूपक से गुरुस्तुति की है। दसवें अध्याय के प्रारंभ में गुरु के अनुग्रह को ही गणेश कहकर उसकी प्रशंसा की है। चौदहवें अध्याय में आचार्य नमन और प्रसाद याचना की है। पंद्रहवें अध्याय में गुरुचरण की मानसपूजा कर सोलहवें अध्याय के प्रारंभ में सद्गुरु को चित्सूर्य समझकर उसका गुणगान किया है। सत्रहवें और अठारहवें अध्याय में भी बड़ी मात्रा में गुरु का गुणगान वर्णित है। लेकिन ज्ञानेश्वर का मानना है कि, सद्गुरु से तब भेंट होती है जब ईश्वरार्पण बुद्धि से कर्म करते-करते निष्कामता से साम्यबुद्धि प्रगट होती है। गुरु को खोजना या ढूंढ़ना नहीं पड़ता, उसके लिए अपने आप को अधिकार प्राप्त करना पड़ता है। फिर गुरु से अपने आप भेंट होती है। जैसे रात्रि के चार प्रहरों की समाप्ति से सूर्योदय होता है या चंद्र को पूर्णिमा द्वारा आलिंगन देने पर जैसे उसकी ऊष्मा ख़त्म होती है, उसी तरह अनासक्ति से कर्म करने की आदत लग जाने पर वृत्ति में समत्व आता है और साम्य स्थिति प्राप्त होने पर सद्गुरु से भेंट होती है। जो लोग स्वकर्तव्य छोड़कर आज यह बुवा, कल वह, परसों कोई अलग स्वामी के पीछे घूमते हैं,वे ज्ञानेश्वर के इस मत का ज़रूर अभ्यास करें। गुरु द्वारा उद्धार करने की बात झूठ है। गुरु याने मार्गदर्शक, जो रास्ता दिखाता है। गुरु का काम रास्ता दिखाना, लेकिन उस दिशा से मार्गक्रमण करने के लिए परिश्रम के साथ अपना अधिकार पाना पड़ता है। गुरु अथवा बाबा सिर पर हाथ रखकर सर्वकालीन चिंताओं से मुक्त करता है, यह बात सभी अर्थों में ग़लत है, साथ ही मानवी उन्नति के लिए मारक भी। और यदि गुरु है तो वह कैसा हो, इसे सन्त एकनाथ ने बताया है। उन्होंने कहा है, 'गुरु वही है जो अपनी जीविका का संकट दूसरों पर नहीं डालता। वह इतना निर्भीक, निरपेक्ष, शान्त होता है कि, कुछ भी न माँगते हुए भी किसी ने घर में लाकर द्रव्य दिया तो भी उसे हाथ नहीं लगाता, भक्त अपने कथित गुरुओं को इस परिमाण से आज़माए और गुरु भी अपनी ऊँचाई परिमाण पर नापें। ब्रह्मज्ञान के होने या न होने का मुद्दा कुछ क्षण के लिए दूर रखते हैं, लेकिन यदि वह है तो किसे प्राप्त होता है इस सम्बन्ध में शास्त्र बताता है कि, उसके लिए साधनचतुष्टयसम्पन्न व्यक्तित्व की आवश्यकता है। याने ब्रह्मज्ञान का अधिकारी वहीं होगा जो नित्य-अनित्य के विवेक, विषय सुख से दूर, क्षमाशील निग्रह, सहनशील, प्रसन्न, शान्त, सरलत्व आदि साधनों की सम्पन्नता तथा शरीर और मन के पाश से मुक्त होने की उत्कटता आदि साधनों से सम्पन्न होगा। इस ज्ञान का अधिकारी वही होगा जो तीन इच्छाओं के पार चला गया हो। वे इच्छाएँ

विषय, वित्त और लौकिक हैं। जब तक स्त्रीविषयक आसक्ति, धन-दौलत से प्रेम और लौकिक की लालच है तब तक उस आदमी को ब्रह्मज्ञान की जिज्ञासा है ऐसा माना नहीं जाएगा। फिर उसे गुरु के रूप में अपनाना तो दूर की बात। किसी भी बाबा को गुरुपद चिपकाने के आज के ज़माने में इसे याद रखना असुविधा होगी।

अन्धविश्वास उन्मूलन के कार्य का सम्बन्ध व्यापक समाज परिवर्तन के कार्य से जोड़ा जाता है; इसका एहसास हमेशा रखना पड़ता है। समाज में ऐसी अनेकांगी सम्भावनाएँ रहती हैं जो बाबा के निर्माण में सहायक सिद्ध होती हैं। दस साल पूर्व नांदेड का एक अद्‌भुत केस हमारे पास आया था। वह केवल सोलह-सत्रह साल का लड़का था। तीन सालों से उसके शरीर में दत्त का संचार आना शुरू था। बृहस्पतिवार के दिन दत्त की आरती के लिए आनेवालों की संख्या बढ़ रही थी। यह अफ़वाह फैल रही थी कि, उसके द्वारा बताया गया भविष्य सही साबित होता है। उसके द्वारा दिए गए दत्त के भस्म से बीमारों पर असर पड़ रहा था। नांदेड में समिति का कार्य अच्छा था। गुरुडम के प्रकार तथा अभुआना के प्रति ज़ोरदार प्रबोधन की मुहिम चल रही थी। समाचार-पत्रों में ख़बरें छप रही थीं। वे ख़बरें बाल दत्त महाराज के पढ़ने में आईं। उसने हमें पत्र लिखा कि 'मुझे महाराज बनाया गया है, मेरे नाम से अपना व्यवसाय चलाने के लिए नाटक खड़ा किया है। इसीलिए मैंने बीच में पाठशाला छोड़ी है। कृपा कर मुझे इस झमेले से बाहर निकालें।' समिति ने उसकी मदद की। उसे बाहर निकाला। इस पद्धति से गुरुडम करने की अपनी पहचान उसे अपराध लगती है। इसी कारण यहाँ उसका नाम नहीं दिया है। हमारे यहाँ पूर्ण रूप से मतिमन्द, कपड़ों का होश न रखनेवाले, मुँह से लार टपकानेवाले या पूर्णतया अस्वच्छ रहनेवाले व्यक्ति को बाबा बनाया जाता है। उसका 'औलिया' या 'विद्रोही पुरुष' जैसा आध्यात्मिक नाम होने से बाक़ी के प्रश्न निर्माण ही नहीं होते। बाबा कुछ समझता नहीं, लेकिन वह कुछ समझता नहीं यह भक्तों को बिल्कुल ही नहीं समझ में आता। इसी कारण ऐसे पागल मनुष्य को बाबा कहनेवालों का व्यवसाय अच्छी तरह से चलता है।

अपने देश में सन 2000 में जारी 'सभी के लिए स्वास्थ्य' की घोषणा काग़ज़ पर ही रही है। एक ओर स्वास्थ्य सम्बन्धी सुविधाएँ अपर्याप्त हैं, साथ ही बहुत महँगी भी। स्वास्थ्य से सम्बन्धित अज्ञान भी बहुत बड़ा है। कुत्ते ने काटा और भाग गया तो उसे हड़काया होने की सम्भावना को मानकर प्रतिबंधात्मक इंजेक्शन लेने चाहिए। नहीं तो ग़लती से भी उसके द्वारा होनेवाली रेबीज की बीमारी का

शिकार हुए तो मृत्यु अटल है। इस वास्तिवकता के अज्ञान तथा इंजेक्शन के डर से कई लोगों को मुँह से ली जानेवाली सस्ती औषधि देनेवाला और यक़ीनन असर करने की भाषा बोलनेवाला बाबा लोगों को अपना लगता है। उसका यह कृत्य गुरुडम नहीं लगता। सर्पदंश के बारे में भी यही बात नज़र आती है। ज़हरीले साँप के काटने पर कहीं-कहीं ज़हर विरोधी दवा जल्दी उपलब्ध होने की निश्चित सुविधा नहीं रहती, इसकी तुलना में साँप का ज़हर उतारनेवाला मांत्रिक सहज उपलब्ध होता है। काटनेवाले कई सारे साँप या कुत्ते ज़हरीले या हड़काए नहीं होते। स्वाभाविक रूप से उनके काटे सभी लोगों को ना रेबीज की बीमारी होती है और ना ही साँप के काँटने से उनकी मृत्यु। लेकिन इसका 'क्रेडिट' बाबा के दैवी सामर्थ्य पर जमा होता है। इससे बाबा की लौकिकता फैलती है, व्यवसाय बढ़ता है। जब काटनेवाला कुत्ता हड़काया होता है और साँप ज़हरीला, तब मृत्यु अटल रहती है। स्वास्थ सम्बन्धी सुविधाओं की कमी और अज्ञान से गुरुडम पनपता है। मानसिक बीमारियों में तो यही होता है। 'मन कहाँ है?' इसका उत्तर भले-भले भी दे नहीं पाते। कल तक अच्छी-ख़ासी दिखनेवाली स्त्री आज अचानक हाथों से इशारे क्यों करने लगी? मुँह ही मुँह में क्यों भुनभुनाने लगी? क्यों असम्बद्ध बोलने लगी? उसके चेहरे, आरोह-अवरोह, आवाज़ में बदलाव क्यों आया? इसके कारण स्वाभाविक रूप से पता ही नहीं होते। दुबारा यह असम्बद्ध बर्ताव अचानक ठीक होता है और वह स्त्री पहले जैसी बन जाती है। कभी-कभार डॉक्टरों की औषधि से भी भूत सवार हुई स्त्री स्वस्थ नहीं हो पाती। लेकिन मांत्रिक से झट से स्वस्थ होती है। शरीर में भूत सवार हुई स्त्री सामान्य आदमी थक जाएगा ऐसे काम करती है। शरीर में भूत सवार होने वाली औरत को आठ-आठ लोग भी काबू में नहीं कर पाते। असल में मन की बीमारियों और उनके इलाज के बारे में अज्ञानी रहे लोगों को मानसिक स्वास्थ से सम्बन्धित इन लक्षणों के इलाज के लिए बाबा, भगत, ओझा, मांत्रिक तथा गुरु अपना लगता है।

गुरुडम लाभदायक रहनेवाला सबसे बड़ा, बिना लागत वाला व्यवसाय है। 'दुनिया झुकती है, झुकानेवाला चाहिए' यह वाक्य गुरुडम पर ठीक तरह से लागू होता है। लोग मानो धोखा खाने के लिए ही बैठे हैं। उन्होंने प्रश्न न पूछने की कसम ही खाई है। इस सम्बन्ध में आचार्य अत्रे ने बड़ी कठोरता से लिखा है। उनके अनुसार, 'बुवा, बाबा, महाराज वासना, स्वार्थ, लोभ, लंपटता तथा व्यभिचार का मानो धधकता कुंड है। लेकिन उसके सामने हमारी सारी बुद्धि

लूली पड़ जाती है। जैसे पेड़ पर चढ़ते हुए अजगर को देखकर और वह हमें निगल लेगा यह जानकर पंछी जैसे लकवा मार गया हो। ऐसी स्थिति में कई बार भयभीत नज़र से उड़ना छोड़ वे उसकी ओर देखते रहते हैं, उसी तरह बाबा के सामने ये भक्तगण भी अपनी बुद्धि को लकवा मारने जैसा बर्ताव करते हैं। असल में बाबा से पहले उनके ऐसे भक्तों को आड़े हाथों लेना चाहिए।' कभी-कभी अवैध व्यापार छुपाने के लिए, उसे ऊपरी तौर पर सफ़ेद, गेरुआ और हरा रंग देने के लिए गुरुडम के आध्यात्मिक व्यापार का आधार लिया जाता है।

बाबा अथवा स्थान के दैवी प्रभाव से भक्त, शिष्य उनकी ओर बड़ी मात्रा में खींचे जाते हैं। इसका एक आर्थिक पहलू भी प्राप्त होता है, जिससे बाबा का सामर्थ्य बढ़ता है। बाबा की महानता का प्रचार करने में बाबा ही नहीं बल्कि स्वयं छोटे-बड़े धंधे के हितसम्बन्ध सीधे जुड़ जाते हैं। महाराष्ट्र में फैले गुरुडम पर नज़र डालिए तो आपको यह दिखाई देगा कि, टेंपो, ट्रक्स लेकर यातायात का धंधा करनेवालों ने बुवा के बढ़ते प्रसार में सर्वाधिक योगदान दिया है। कई बेरोज़गारों ने धंधे के लिए वाहन ख़रीदे हैं। इनकी संख्या बड़ी होने के कारण सभी को रोज़गार नहीं मिलता। आँखों की बीमारी का इलाज करनेवाला गुरव निश्चित रूप से शराब के व्यसन को छुड़ानेवाला शेषराव महाराज, नि:सन्तान को सन्तान देनेवाली पार्वती माँ जैसों की ओर लोग जाने लगें तो स्वाभाविक रूप से यातायात के धंधे में तेज़ी रहती है। आठ-दस लोग मिलकर एक जीप तय कर अपनी सुविधा से निकले तथा वापस भी आए। सभी का ज़्यादा ख़र्चा भी नहीं आता है, और सुविधाजनक भी रहता है। इस धंधे को हमेशा बनाए रखने के लिए लोगों का बुवा की ओर आना-जाना हमेशा जारी रखना होता है। इसमें गाड़ी के वाहक बाबा तथा बुवा के प्रभाव की बहुत सी कहानियाँ बताना शुरू करते हैं। अधिक से अधिक लोगों को बाबा की प्रतीति लेने के लिए प्रेरित करते हैं। बाबा और वाहक इन दोनों के लिए यह सिद्ध-साधक धंधा लाभदायक होता है। बाबा के घर, मठ पर व्यापार का एक बहुत बड़ा चक्र शुरू होता है। खान-पान के पदार्थों के होटल और ठेले, फूलों की मालाओं की बिक्री, ठंडे पेय की दुकानें, बाबा की पोथियाँ, बिल्ला, माला, फोटो, आनेवाली गाड़ियों की फुटकर मरम्मत, पार्किंग जैसे एक से अनेक प्रकार के उद्योग बाबा की कृपादृष्टि से पावन होने के लिए आनेवाले भक्तों की आवश्यकता से शुरू होते हैं। और बाद में उन्हें चालू रखना उन व्यावसायिकों की रोज़ी-रोटी की आवश्यकता बनती है।

इसीलिए वे गुरुडम के खुले समर्थक तथा प्रचारक बनते हैं।

अर्थात, केवल इसी एक आवश्यकता में ही बाबा का सामर्थ्य छुपा होता है ऐसा नहीं। गुरुडम करनेवाले कुछ अच्छे काम भी करते हैं। उनमें से कुछ आधुनिक तो कुछ पारम्परिक होते हैं। इस काम से बाबाओं को लोकमान्यता तथा राजमान्यता मिलती है। लोगों द्वारा किए गए बाबा के विरोध तथा गुरुडम के ख़िलाफ़ की गई वैचारिक प्रस्तुति से कहीं ज़्यादा बाबा द्वारा चलाए गए दवाखाने, खोले गए अस्पताल, पानी की कूपनलिकाओं, पाठशालाओं का अधिक बोलबाला रहता है। लेकिन यही काम इससे अधिक मात्रा में सरकार करती है। हम लोगों के पैसों से करने के कारण हम उसकी प्रशंसा नहीं करते। यह उनका कर्तव्य मानकर, ये काम करने के लिए चुने गए जनप्रतिनिधियों की जाँच कर उन्हें दुबारा पाँच साल के लिए चुनकर देना हैं या नहीं इसे तय करते हैं। लेकिन यही कसौटी हम बाबा के बारे में बिल्कुल नहीं रखते। असल में बाबा ये सारे काम भक्तों के दान से ही करता है। अपने आप मिलनेवाली असीम सम्पत्ति में से थोड़ा सा पैसा सामाजिक कार्य में लगाने का व्यवहारज्ञान उसके पास होता है। इससे उसके वैभव, ऐशोआराम में कोई कमी नहीं आती। ऐसे काम करनेवाले बाबा का सामर्थ्य लोगों को अन्धविश्वासी बनाकर ही मशहूर होता है। जनप्रतिनिधियों के कार्य की कठोर जाँच करनेवाले हमारे समाज को आध्यात्मिक प्रतिनिधियों की साधारण जाँच भी रास नहीं आती। उसके विधायक काम से मानो बाक़ी सारा माफ़ होता है। इसके साथ सार्वजनिक विवाह, ज्ञानेश्वरी सप्ताह, भंडारा, विश्वशान्ति यज्ञ जैसे पारम्परिक कार्यक्रम धूमधाम से चलते हैं। उसमें मशगूल होनेवाला बहुसंख्यक समाज और इसके लिए नेतृत्व करनेवाला बाबा ही होने से उससे सम्बन्धित जिरह नहीं होती; यह बात भी बाबा का सामर्थ्य को बढ़ाने के लिए सहायक है।

गुरुडम के बारे में हमेशा एक सुप्रसिद्ध वाक्य सुनाया जाता है—'जहाँ ब्रह्म, वहाँ माया, वृक्ष तले छाया, जहाँ बुवा वहाँ औरतें।' हमारे समाज में जिस संख्या में तथा सहजता से स्त्रियाँ बाबा की भक्त बनती हैं, वह संख्या और उनका समर्पण आश्चर्य करनेवाला रहता है। अपवाद को छोड़ दे तो बाबा को स्त्रियों का आकर्षण रहता ही है। स्त्रियों को सहजता से प्राप्त करने का दूसरा कोई प्रतिष्ठित धंधा नहीं। अपने वैवाहिक माँगल्य के प्रतीक के रूप में गले में मंगलसूत्र डालनेवाली स्त्री उसी मंगलसूत्र में बाबा का फोटो डालती है। शरीर के कपड़ों की भी सुध न रखनेवाले बाबा ने हमलावर की तरह स्त्री के मंगलसूत्र को

खींच कर उसे तोड़ने पर दूसरा मंगलसूत्र बढ़ाया, जिससे अपने पति की आयुष बढ़ जाएगी, ऐसा माननेवाली स्त्रियाँ भी हैं। सारे भक्तों की भीड़ में अपनी पसन्द की स्त्री को आध्यात्मिक दीक्षा के नाम पर बन्द कमरे उसे में लेकर बैठने की आज़ादी बाबा उस स्त्री के परिवारवालों की सम्मति से अनुभव कर सकता है। प्रत्यक्ष अपनी आँखों से बाबा का अनैतिक कृत्य देखकर भी वे अपने विश्वास की परीक्षा ले रहे होंगे, ऐसा माननेवाले भी परिवार होते हैं। स्वयं उस स्त्री को भी ऐसा ही लग सकता है। मूल प्रश्न यह है कि, स्त्रियाँ ऐसा बर्ताव क्यों करती हैं?

बाबा के दैवी प्रभाव से प्रभावित होकर वे अपने मन के विरुद्ध बाबा के वासनाकांड में खींची जाती होंगी और फिर मजबूरी से आगे का सारा सहन करती होंगी? या उनके अन्तर्मन की तीव्र अतृप्त कामवासना इसका कारण होगी? स्त्री कई कारणों से अपनी कामपूर्ति को अभिव्यक्त नहीं करती है। हमारे समाज में इस बारे में गहन अज्ञान है, साथ ही इस सन्दर्भ में बोलना भी पाप समझा जाता है। स्त्री-पुरुष सम्बन्ध में पुरुष की कामतृप्ति जल्दी होती है। पुरुष उसे प्रत्यक्ष रूप से महसूस करता है और इसके बाद इस क्रीड़ा से दूर होता है। इसका अटल परिणाम स्त्री की कामपूर्ति अधूरी रहने पर होता है। यही अतृप्तता उस स्त्री की आन्तरिक मानसिकता पर छा जाती है। संस्कार और सामाजिक बंधनों के बोझ से स्त्रियों की ये अतृप्त भावनाएँ कभी भी चर्चा का विषय नहीं बनतीं। इस बारे में पुरुषों को कई रास्ते खुले हैं। स्त्रियों के बारे में यह सम्भावना नहीं रहती। अपने बच्चों का पालन-पोषण करना, नाम स्मरण, ईश्वर का जप, पूजा, कथित अध्यात्म आदि रास्तों से मन के इस वासना प्रक्षोभ पर वे लगाम डालती हैं। उसके तीव्र होकर विवाह बाह्य सम्बन्धों से उसे तृप्त करने की सम्भावना स्त्रियों के बारे में नहीं रहती। लेकिन आध्यात्मिक गप्प हाँकनेवाले बाबा, गुरु, महाराज के सम्पर्क में जाते समय यह धोखा नहीं रहता। बाबा की कथित मान्यता के कारण एकाध स्त्री से बाबा के ऐसे सम्बन्ध रहेंगे, ऐसा स्त्री के परिवारवालों को नहीं लगता। यह परम्परा जनमानस में रूढ़ विश्वास का परिणाम है। इससे बाबा के साथ सहजता से शारीरिक सम्बन्ध प्रस्थापित हो सकेंगे। और यदि बाबा सिद्धहस्त होगा तो हमेशा अतृप्त रही कामवासना की पूर्ति हो सकेगी। इस शारीरिक तृप्ति के कारण के साथ जिसके दर्शन के लिए कई स्त्री-पुरुष भक्त बड़ी देर तक प्रतीक्षा में रहते हैं, ऐसे दैवी वलय प्राप्त बाबा से अग्रक्रम से मिलनेवाला सहवास भी एक कारण हो सकता है। वाघमारे जैसे सामान्य बाबा

के पास बड़ी मात्रा में तथा सभी स्तर की स्त्रियाँ बड़ी सहजता से चली गईं। उनमें एक ही परिवार की सास और बहू, माँ और बेटी का भी सहभाग होने का भयावह यथार्थ इस प्रस्तुति को सिद्ध करने के सबूत के रूप में आगे किया है।

फिर भी यह स्पष्टीकरण विवादास्पद है। कामशास्त्र के विशेषज्ञों के मतानुसार कामपूर्ति का बहुत बड़ा हिस्सा शारीरिकता की अपेक्षा, उस सम्बन्ध से स्त्री को मिलनेवाली आत्मीयता, अपनापन, प्रेम इस मानसिकता से सम्बन्धित रहता है। अपवाद को छोड़ दें तो स्त्रियों का अतृप्त शारीरिक वासना के लिए बड़ी सहजता से बाबा के साथ व्यभिचारी वर्तन के लिए तैयार होना असम्भव है। बाबा और उसके स्थान के इर्द-गिर्द एक आध्यात्मिक वलय रहता है। ऐसी जगह पर कुछ समय निकालकर मन को आराम तथा थोड़ी सांत्वना मिले, चार अच्छे शब्द सुनने को मिलें, बाबा की कृपादृष्टि अथवा हस्तस्पर्श से संसार की व्यथा-वेदनाओं को दूर करने का संबल मिले, वहाँ जाने का यही एक उद्देश्य रहता है। एक प्रस्तुति ऐसी भी है कि, भारतीय समाज की स्त्री को ऐसे आधार की आवश्यकता और आध्यात्मिक तथा दैवी मार्ग से गुरु तथा महाराज द्वारा उसे प्राप्त कराने की मिली परम्परा के कारण स्त्रियों का बाबा की ओर हमेशा आना-जाना रहता है। लेकिन उसे वासनापूर्ति के साथ जोड़ना इस विषय का अज्ञान तथा उनके ऊपर अन्याय करनेवाला होगा।

गुरुडम के तेज़ी से फैलने का एक कारण सहज भयभीत होनेवाला जनसमूह तथा भक्तगण भी हैं। सतारा के नज़दीक के एक देहात का केस हमारे पास आया था। गुरुडम करनेवाली औरत देवी की पावरफुल भक्त थी। गाँव में उसकी धाक थी। गाँव में सर्दी-बुख़ार से लोग पीड़ित थे। भगत औरत ने ईश्वरीय आज्ञा दी। देवी क्रोधित हुई हैं, उसने देवी के नाम का ढिंढोरा पीट दिया। देवी की इच्छा है कि यदि उसे शान्त करना है तो हर साल उसके उत्सव में लगनेवाली ढोल-ताशे जैसी चीज़ों को गाँववाले ख़रीदकर दें। मूलतः रेणुकामाता क्रोधी देवी के रूप में प्रसिद्ध। उनकी भक्त भी बड़ी पॉवरबाज। गाँव के लोग बीमारी से पीड़ित। असम्भव तथा पसन्द न होने पर भी हर घर से सौ-दो सौ रुपए चंदा निकालकर देवी की शान्ति की गई। गाँववालों का मानना था कि बिना वजह संकट को क्यों आमंत्रित करें? एक बार तो मेरे पास पूर्व इन्स्पेक्टर जनरल ऑफ़ पुलिस का ख़त आया। ऐसी ही एक औरत के दैवी सामर्थ्य पर उनका विश्वास था। उन्होंने औरत के मठ के लिए लाख रुपए ख़र्च कर दो कमरों का निर्माण कराया था।

बड़ी मात्रा में नगद राशि भी दी थी। यह सब कुछ होने पर बाद में प्राप्त अनुभवों से उस औरत के ढोंगी होने का पता चला। इसी कारण इस औरत पर कार्रवाई करने की उनकी इच्छा थी। उन्होंने मुझे पत्र लिखा। बड़े आश्चर्य के साथ मैंने उन्हें ख़बर दी कि आप के द्वारा सूचित घटना तो खुले तौर पर फौजदारी गुनाह है। आप तो वरिष्ठ पुलिस अधिकारी हैं, आप को कैसी कठिनाई? क़ानून का आधार लेकर उस औरत को सबक सिखा दीजिए। इस पर उनका मुझे लिखा हुआ पत्र गुरुडम में फँसे लोगों की मानसिकता को स्पष्ट करनेवाला था।

उन्होंने लिखा था, 'आप स्वयं आकर इस प्रकरण की जाँच करें। आपने उस औरत में दैवी सामर्थ्य के न होने का भरोसा जताया तो फिर आगे की पुलिस कार्रवाई हम निश्चित करेंगे।' सहज भयभीत होनेवाले भक्तगणों की मानसिकता का यह नमूना सिद्ध हुआ। इसके साथ इसी प्रकार का एक महत्त्वपूर्ण सामाजिक विषय वास्तव ध्यान देने योग्य है। मानसोपचार विशेषज्ञ बताते हैं कि हमारे देश में सौम्य मनोरुग्ण रहनेवाले लोगों की मात्रा लगभग एक प्रतिशत है। इन लोगों द्वारा अपना रोज़मर्रा का जीवनयापन कम या अधिक मात्रा में आम लोगों की तरह करने से इनकी मनोरुग्णता ध्यान में नहीं आती। उनके कुछ विचित्र बर्ताव छोड़ दें तो वे अपने समाज में पारिवारिक दायरे में सहजता से समा जाते हैं। यह एक सौम्य मानसिक बीमारी या व्यक्तित्व की कमज़ोरी है। इसके लिए मानसोपचार विशेषज्ञ की सलाह उपयोगी सिद्ध होने की बात उस व्यक्ति तथा उसके परिवार को पता नहीं होती, पसन्द भी नहीं होती। ऐसे लोगों और उनके बर्ताव से परेशान परिवारजनों को बाबा, बुवा द्वारा मिलनेवाला आधार आवश्यक होता है। इसके साथ कुछ लोग जन्म से ही कम-अधिक मात्रा में भोले-भाले होते हैं। संसार के झंझट में उनका टिक पाना कठिन होता है। उन्हें महाराज का संग करना दो तरह से लाभदायक ठहरता है। आधार मिलने से समाधान प्राप्त होता है और स्वयं के जीवन की असफलता महाराज की कथित भक्ति की सेवा में छिपायी जाती है। जीवन की विफलता से टूट गई औरतों को बाबा का सहज मिलनेवाला मान्यताप्राप्त आधार अनिवार्य होता है। दूसरी ओर जीवन की कई बातों में बड़ी उत्सुकता रखनेवाले युवा उस उत्सुकता के कारण बाबा की तरफ़ बढ़ते हैं। मनुष्य को सांस्कृतिक दृष्टि से अपने आप को व्यक्त करने की आवश्यकता होती है। स्वयं के सहभाग होनेवाले सांस्कृतिक कार्यक्रम, खेल, किसी भी कारण से आनन्द से कुछ समय हँसते-खेलते सामूहिक जीवन बिताने

से सुखी रहकर बड़ी सहजता से अकेलापन चला जाता है। हमारे यहाँ ग्रामीण इलाकों में आज भी टिकी हुई संयुक्त परिवार पद्धति में कई बार अधिकारों, रिश्तों तथा परम्पराओं की सीढ़ियाँ रहती हैं, जिनमें जुल्म रहता है। इससे आदमी अन्य लोगों से टूटता है और लोगों में रहकर भी अकेला बनता है। दूसरी ओर गतिमान महानगरों तथा शहरों का आदमी फ़्लैट संस्कृति का ग़ुलाम बनता ही है। दौड़धूप कर नौकरी तथा व्यवसाय से लौटकर घर की चारदीवारी में अपने आप को बन्द कर लेना अटल बनता है। यह उसे अकेला बनाता है।

एकाकी बने ऐसे लोगों को सांस्कृतिक दृष्टि से व्यक्त होने की आवश्यकता होती है। जिन्हें ये सम्भव नहीं होता वे टीवी के सामने बैठकर इस आवश्यकता की पूर्ति करते हैं। लेकिन इस आवश्यकता को बाबा, बुवा, महाराज तथा स्वामी भलीभांति पूर्ण करते हैं (कम से कम ऐसी अनुभूति उन एकाकी आदमियों को मिलती हैं।)। बाबा की भक्ति में लीन होने के लिए समुदाय में जीवनयापन करना, शरणार्थी बनना, और कथित अध्यात्म से अपना नैतिक विकास होने की धारणा बनाने से अकेलापन टूटता है। आधार से सांत्वना मिलती है। अपने समाज में तो अवतारवाद पर लगभग सभी लोगों का विश्वास होता है। कई बाबा अपने आप को किसी न किसी का अवतार घोषित करते हैं, और उन्होंने ऐसा नहीं किया तो भक्तों की दृष्टि से वे अवतार ही होते हैं। बहुतेरे लोगों का पारम्परिक विश्वास है कि, विश्व का नियमन करनेवाली अलौकिक शक्ति है। किसी न किसी रूप में उसकी कृपादृष्टि कुछ लोगों को प्राप्त होती है। बाबा तथा महाराज ऐसी शक्ति के प्रतीक बनते हैं। उनकी कृपादृष्टि आजीवन उद्धार करनेवाली परमकल्याण का मार्ग होती है। साईंबाबा कहते हैं कि, मेरे चमत्कार ही मेरे विजिटिंग कार्ड हैं। इसका सरल अर्थ यह है कि, विजिटिंग कार्ड के कारण हमें मिलने के लिए आनेवाले लोगों की जानकारी मिलती है। उस सृष्टि के निर्माता ने चमत्कार करने का विजिटिंग कार्ड सत्यसाईं बाबा को इसीलिए दिया है कि, लोग यह समझें कि, हमारी मुक्ति के लिए ईश्वर द्वारा भेजा गया महामानव यही है। कइयों को लगता है कि बाबा के रूप में मानो ईश्वर ही बोलता है। ऐसी दैवी सामर्थ्य प्राप्त बाबा हमारे दुख समझ सकता है, उसे बदल सकता है। उसके विश्वास से लोगों को मन ही मन लगता है कि, संसार रूपी समुद्र को पार कर पायेंगे। बाब द्वारा प्रयोग किए गए आत्मा, ब्रह्म, मोक्ष, परमार्थ जैसे शब्द गूढ़ लगने की बजाय जाने-पहचाने, परिचित लगते हैं। इन शब्दों का बड़ी सहजता से प्रयोग करनेवाला

महाराज बिना कुछ किए भक्तों के मन का आभास कर सकता है।

मन में यह संशय पैदा होता है कि, बुवा की संगत करना, उसका शिष्य बनना, उसका कृपा-प्रसाद लेना आज के युग की रूढ़ि बनी है। मनुष्य में व्यावहारिक तथा राजनीतिक बड़प्पन के साथ-साथ धार्मिक बड़प्पन भी चाहिए होता है। इस सन्दर्भ में अन्य धार्मिक नियमों का नियमित आचरण कठिन होता है। फिर सबसे आसान और धार्मिक कहलवाने का राजमार्ग है—किसी महाराज की प्रतिष्ठा लेना, हमेशा उसकी संगति का लाभ उठाना। अर्थात इस आचरण में अज्ञान है, अनुकरण है, बुद्धि दुर्बलता के साथ धार्मिक कहलवाने की इच्छा आदि सब कुछ इसमें समाया रहता है। हमारे देश में धार्मिक भोलेपन की अधिकता है। ऐसा रिवाज है कि, देव-धर्म विषय पर जो बोलेगा, प्रवचन देगा वही श्रेष्ठ है। मुझे ईश्वरीय प्रेरणा मिली है ऐसा कहकर आकाश की ओर अंगुलिनिर्देश करने वाले व्यक्ति के प्रति विलक्षण भावना उत्पन्न होती है। ईश्वरीय प्रेरणा की आख्यायिकाएँ अनादि-अनंत हैं। वैदिक ऋषियों को ईश्वरीय प्रेरणा से वेद याद आए। मुहम्मद पैगंबर को भी ईश्वरीय प्रेरणा से ही कुरान याद आया। ईसा के बाइबल के बार में भी यही चमत्कार हुए। ईश्वरीय प्रेरणाओं के उदाहरणों से परम्पराएँ लबालब भरी हुई हैं, फिर उस परम्परा को स्वामी तथा महाराज की वाणी से मुखर होने में कौन सी कठिनाई है? हमारे देश में देव-धर्म और उनके नाम पर किया जानेवाला वर्तन शायद ही चर्चा का विषय रहता है। इससे बाबा, बुवाओं को लाभ न मिला तो आश्चर्य।

हमारा ऐसी बातों पर विश्वास है कि, पारम्परिक धार्मिक विचार, अवतार कल्पना, ईश्वरीय वचन आदि व्यक्ति के मुख द्वारा हम तक पहुँचते हैं। इससे बाबा, गुरु, महाराज की ओर जानेवाले भक्तों, शिष्यों तथा गुरु में मानो एक अबोध अलिखित प्रतिज्ञापत्र ही जन्म लेता है। शिष्य अपने को कम आँककर गुरु को सर्वशक्तिमान मानता है। उसकी दृष्टि से गुरु की शरण में जाना बुद्धि की शरणागति न होकर आनन्द की अनुभूति है। भक्तों को अपनी बुद्धि से स्वतंत्र विचार करने तथा अपनी समस्याओं को हल करने के लिए संघर्ष करने जैसी बातें मामूली लगती हैं। गुरु की शरण में जाते समय गुरु के रूप में स्वीकृत व्यक्ति का उदात्तीकरण करना, उसे सर्वगुणों से युक्त मानना, उससे एकरूप होना आदि सुप्त क्रियाएँ घटित होती हैं। कोई व्यक्ति सर्वगुणों से युक्त है, हमें उस व्यक्ति का सहवास मिलने से, बाबा के प्रति विश्वास दुगुना होता है। शिष्य प्रार्थना,

प्रवचन, गुरु के विचारों का प्रसार, पारायण, गुरभक्ति आदि से संसार की चिंता से मुक्त होने का आश्वासन प्राप्त करता है। गुरु के साथ सहजीवन बिताने तथा उससे तादात्म्य प्राप्त करने की कोशिश करने से अपनी समस्याओं का आकलन हुआ और मार्ग मिला, ऐसा मानना अपनी संस्कृति के संस्कारों का ही हिस्सा है। कई लोगों को यह संस्कार गुरुडम की ओर ले जाता है, वहाँ बाँध के रखता है।

कई धार्मिक चिकित्सा पद्धतियों में बाबा, गुरु, महाराज के आशीर्वाद तथा मंत्र से श्रद्धालु या रुग्णभक्त, और व्याधिमुक्त होता है। उसका सम्बन्ध बाबा के दैवी चमत्कार के सामर्थ्य से न होकर, बीमार की स्वास्थवर्धक शक्ति में रहता है। जैसे सम्मोहित अवस्था का मूल कारण उस व्यक्ति की सूचना ग्रहण करने की तीव्र इच्छा तथा कल्पनाशक्ति होती है, इसमें सम्मोहन विशेषज्ञ को कुछ विशेष नहीं करना पड़ता। उसी तरह बीमार व्यक्ति को भी बाबा के शब्दों तथा हस्तस्पर्श से स्वस्थ होने का भरोसा तथा उछलकर आई हुई भावनाओं से व्याधि से मुक्ति सम्भव होती है। इसमें उपचार पद्धति गौण साबित होती है। बीमार व्यक्ति का व्याधिमुक्त होना यह असली चमत्कार न होकर, अतिशय जटिल शारीरिक प्रक्रिया घटित करने की अन्तर्मन की शक्ति ही असली चमत्कार है। शरीर की सुरक्षा करनेवाली कोशिकाओं की सुरक्षा व्यवस्था इम्यून सिस्टम है। उस पर बाबा की सूचनाओं का प्रभाव पड़ता है। सूचनाओं के द्वारा अपने आप में परिवर्तन करने के अन्तर्मन के सामर्थ्य की जानकारी न होने से यह व्याधिमुक्ति बाबा के दैवी सामर्थ्य के रूप में गिनी जाती है।

इस भूमि में गुरुडम की फसल भारी मात्रा में पैदा होने का कारण इस देश के मनोभूमि की मशक्कत, नियति, विधिलिखित, दैव, नसीब, प्रारब्ध आदि कल्पनाओं से की है। सभी शब्दों के सन्दर्भ और अर्थ कुछ मात्रा में भिन्न हैं लेकिन इससे गुरुडम की फसल पैदा होने पर कोई फ़र्क़ नहीं पड़ता। दैव, नसीब तथा विधिखित में भविष्य पूर्वलिखित होने की कल्पना है। प्रारब्ध की बात थोड़ी निराली है। मनुष्य को अपने कर्म के उचित फल (सत्कर्म के मीठे तथा दुष्कर्म के कटु फल) भुगतने पड़ते हैं। इसे ही कर्मसिद्धान्त कहते हैं। इसके अनुसार कर्म का क्रियमाण संचित और प्रारब्ध के रूप में वर्गीकरण किया जाता है। हम जो कर्म करते हैं, वही क्रियमाण है। उसका संचय होकर वह पूर्व के संचित कर्म में मिल जाता है। इन संचित कर्मों में से कुछ के फल भोगने के लिए मनुष्य को वर्तमान जन्म प्राप्त होता है। इसे प्रारब्ध कर्म कहते हैं। प्रारब्धवाद का दावा

है कि भविष्य में कब, क्या होगा यह हमारे कर्म पर निश्चित होता है। चार्वाक दर्शन को छोड़ दें तो सभी भारतीय दर्शनों ने कर्म सिद्धान्त को अपनाया है। इसी कारण कर्म सिद्धान्त भारतीय तत्त्वज्ञान की विशेषता है। कर्म सिद्धान्त को विश्व का नियम माना है।

कर्मविपाक का यह सिद्धान्त भारतीय मन पर अधिराज्य बना हुआ है। इसी कारण आज भी जीवन में घटित एकाध अच्छी घटना सुदेव तथा बुरी घटना दुर्देव के रूप में बताई जाती है। 'समय से पहले और नसीब से ज़्यादा किसी को कुछ नहीं मिलता' इसका मन ही मन एहसास अधिकतर भारतीयों को रहता है। यह प्रतिपादन झट से स्वीकृत होता है कि 'समय आना चाहिए।' सहन की जानेवाली तकलीफ़ों, कष्ट तथा दुख को नियति के अटल आघात के रूप में देखा जाता है। इसके ख़िलाफ़ हाथ-पाँव मारे जाते हैं, फिर भी दैव है और वह हमारे अनुकूल होना चाहिए की भावना बनी रहती है। कर्म सिद्धान्त बताता है कि, अच्छे कार्य तथा बर्ताव के लिए अच्छे फल मिलेंगे तथा बुरे कर्मों के बुरे परिणाम भुगतने पड़ेंगे। यदि ऐसा होता तो बहुत ही अच्छा रहता लेकिन ऐसा घटित होने की अपेक्षा रखने से ही ऐसा घटित होता है, यह निष्कर्ष सत्य पर नहीं तो केवल शुभेच्छाओं पर टिका हुआ है। न्याय स्वाभाविक नहीं है। समाज व्यवस्था की यात्रा बड़ी लम्बी है, और मानव द्वारा निर्मित न्याय बिल्कुल तीन-चार हज़ार सालों का है। उसके पूर्व तो न्याय और अन्याय का भेद अस्तित्व में भी नहीं था। आज भी बहुत कम मात्रा में प्रत्यक्ष रूप से न्याय मिलता है। कर्म सिद्धान्त के समर्थन में दी जानेवाली सारी दलीलें कमज़ोर तथा ग़ैरलागू हैं। यह सिद्धान्त तो ग़ैरलागू है ही साथ ही अन्यायकारक भी है। यदि ऐसा बताया जाता है कि, सुखकर अनुभूति सत्कर्म का फल है तथा दुखद अनुभूति दुष्कर्म का फल तो यह भी समझना चाहिए कि वे सत्कर्म और दुष्कर्म कौन से हैं। सत्कर्म के सिद्धान्त में इसे समझने की कोई सुविधा नहीं है और यही बात न्याय तत्त्व के बिल्कुल विपरीत है। यदि अपराधी को इस बात का पता न चला हो कि उसे किस सत्कार्य के लिए पुरस्कार दिया गया तथा किस कार्य के लिए सज़ा दी गई तो वह वे कर्म बार-बार कैसे करेगा तथा बार-बार कैसे टाल देगा? ऐसे फ़ैसले को न्याय नहीं कह सकते। ऐसे असमंजस, अर्थहीन कर्मकांड के द्वारा प्रकृति के नैतिक शासन की बड़ी-बड़ी बातें करना दुखद होकर भी भारतीय जनसमूह का विचार करें तो सत्य भी है। यह भी सच है कि नीति कल्पनाएँ

तथा नैतिक नियम स्थल काल सापेक्ष होते हैं। इसी कारण कई कर्मों के बारे में उनके अच्छे या बुरे होने का निर्णय करना कठिन रहता है। अलग-अलग नीति संहिता के अनुसार एक ही कर्म अच्छा, बुरा, निषिद्ध या अनुज्ञीय हो सकता है। कहा जाता है कि यह कर्म सिद्धान्त अनादि काल से, कम से कम सृष्टि के निर्माण काल से तो चला आ रहा है लेकिन बन्दर के इनसान बनने में कई लाख सालों का समय लगा है। उस समय उसके पास नैतिक विवेकशक्ति नहीं थी। बहुत धीमी गति से हज़ारों सालों में उसे वह प्राप्त हुई। आज भी मनुष्य में स्थित पशुता बड़ी मात्रा में क़ायम है। इन सभी बातों से कर्म सिद्धान्त मेल नहीं खाता। कर्म सिद्धान्त के दर्शन से मानव के हाथ से उपक्रमशीलता, परिवर्तन का आग्रह करनेवाली वृत्ति तथा जीवन के अमंगल को दूर करने की प्रेरणा नष्ट हो जाती है। उसकी जगह केवल उदासीन निष्क्रियता रह जाती है। यह विचारधारा गुरुडम के लिए बड़ी पोषक है।

असल में आदिमानव बहुत ही दुर्बल था। इसी कारण उसने माना कि जो घटित होनेवाला है, वही होगा, उसे कभी टाल नहीं सकते। बार-बार विफल होनेवाले प्रयास दिखाई देने से और कई बार बिल्कुल अनपेक्षित घटनाएँ घटित होने से मनुष्य का कर्म सिद्धान्त पर से विश्वास उठ जाता है। लेकिन आदिम मानव द्वारा स्वीकृत नियति को एकाध बार पूर्व नियत होने का सबूत मिलना कठिन है। इसलिए भविष्य में क्या घटित होगा इसकी जानकारी मिलनी चाहिए और एकाध घटना घटित होनेवाली है, ऐसा बार-बार और निश्चित बताना चाहिए। इसमें कठिनाई यह है कि, इसके लिए भविष्य के अस्तित्व को मानना पड़ेगा। जैसे आकाश में कुछ प्रदेश नज़दीक दिखाई देते हैं और बाक़ी बहुत ही दूर होते है। कुछ अन्तराल के बाद दूर के प्रदेश नज़र आते हैं। वैसे ही काल के इस परिमाण के बारे में मानना पड़ेगा। याने भविष्य अस्तित्व में है, वह धीरे-धीरे उलझता है। लेकिन काल की दृष्टि से कुछ क्षण के लिए केवल वर्तमान काल ही अस्तित्व में रहता है। दूसरे क्षण वह भूतकाल बनता है और उसकी जगह भविष्य लेता है। असल में वर्तमान ही आकार ग्रहण करता है। याने भविष्य के रूप में कोई अस्तित्व में ही नहीं रहता। इसे यदि मानते हैं तो किसी भी व्यक्ति को वह कैसे नज़र आएगा? इस देश के अधिकतर लोग नियति की दृढ़ कल्पना को अपनाते हैं। इस पूर्णतया काल्पनिक बात के अधीन रहकर कमज़ोर लोग और भी भयभीत होते हैं। कर्मविपाक सिद्धान्त को जैसे सत्य पर आधारित सिद्धान्त

मानते हैं। इसी कारण अपने मन की ऐसी धारणा बनाते हैं कि, सद्यस्थिति का शोषण प्रारब्ध से मिला है। प्रारब्ध पूर्वसंचित पर आधारित है और उससे छुटकारा मिलना कठिन होता है। लेकिन बाबा, गुरु की कृपादृष्टि से सम्भव होने की बात मानी जाती है क्योंकि बाबा अथवा महाराज साक्षात ईश्वर या उसका दूत होता है। इसी कारण शोषण की जड़ को सामाजिक या भौतिक परिस्थिति में न खोजकर नसीब में खोजा जाता है। समाज के शोषण को प्रारब्ध से जोड़ने वाली वृत्ति को चारा-पानी डालने पर उससे छुटकारा पाने के लिए कोई ऐसा चाहिए; जो प्रारब्ध को समझ सके तथा उसे बदल सके। कर्मविपाक सिद्धान्त से गुरुडम को बल मिलता है। गुरुडम के ख़िलाफ़ लड़ने तथा लोगों की मानसिक ग़ुलामी को ख़त्म करने के लिए कर्म सिद्धान्त और दैव जैसी कल्पनाओं की तर्कदुष्टता लोगों को बतानी चाहिए।

इस बात को हमेशा याद रखना चाहिए कि, व्यापक समाज परिवर्तन के आन्दोलन की सफलता के सिवाय एकांगी पद्धति से अन्धविश्वास उन्मूलन तथा गुरुडम निर्दलन सम्भव नहीं। समाज परिवर्तन को लाचारी ने घेरा है। विज्ञान द्वारा मनुष्य के हाथ में दिया गया प्रकाश मानवी मन और जीवन की लाचारी से पैदा अन्धकार दूर नहीं कर सकता। इसी कारण विज्ञानयुग में भी अन्धविश्वासों में ठिठकना तथा गुरुडम के कीचड़ में फँसना जारी है। पिछले दस सालों में अर्थव्यवस्था के वैश्विकीकरण के बाद तो यह लाचारी हर क्षेत्र में आ रही है। पदवी प्राप्त तथा ईमानदार, परिश्रम करने की तैयारी रखनेवाले युवाओं को अपनी बेकारी दूर होने का भरोसा नहीं रहता। सरकारी आँकड़े कुछ भी बताते हों लेकिन महँगाई दिनोदिन बढ़ ही रही है। समाज के हर क्षेत्र में भारी भ्रष्टाचार है। कोई भी मामूली कारण दंगा-फ़साद की वजह बनता है, इससे लोगों, सम्पत्ति की सहजता से तबाही होती है। समाज में व्यसनाधीन लोग भयंकर रूप से हो हल्ला मचा रहे हैं, प्रतिष्ठा तथा मान्यता भी प्राप्त कर रहे हैं। इससे स्वयं के कर्तत्व से समाज परिवर्तन का रास्ता निकालने की सम्भावना जनसामान्य में नहीं रही। फिर उन्हें इसके लिए कोई बाबा, बुवा, स्वामी, महाराज, सन्त या महंत चाहिए होता है। आम आदमी को छोड़ दो, अपने-अपने क्षेत्र में असामान्य रहे लोगों को भी अस्थिरता की फटकार पड़ने पर सबसे पहले कोई बाबा ही याद आता है। एकाध सुपरस्टार की फिल्में धड़ाधड़ गिर जाती हैं। राजनीति में कल प्रधानमंत्री रहने वाला आज उच्च न्यायालय से सज़ा पाकर गुनहगार साबित होता है। उसका

खड़ा किया आर्थिक साम्राज्य किसी ग़लत निर्णय से देखते ही देखते ध्वस्त हो जाता है। तब ये सारे ज्येष्ठ, श्रेष्ठ लोग भी बुवा के पैरों पर दंडवत प्रणाम करने के लिए उपस्थित रहते हैं। एक ओर बड़ी मात्रा में अस्थिर तथा लाचार बना विश्व तथा दूसरी ओर संचार माध्यमों ने खड़ा किया जगमगानेवाला तथा अमोर उपभोक्तावादी विश्व। रोज नई पोशाक, नई फैशन, नए मौज-शौक़। जीवनयापन के उपभोग के मानदंडों को प्राप्त करना हो तो भ्रष्टाचार तो करना ही होगा। और उससे मन को लगी चुभन को दूर करने तथा पापक्षालन के लिए बाबा के पैर पकड़ने होंगे या हीन-दीन बनकर बाबा की सेवा में लीन होकर कभी उसकी कृपादृष्टि से मालामाल होने की आशा रखकर जीना होगा। व्यक्तित्व के टुकड़े करनेवाला अन्धविश्वास का पाश यहाँ लोगों के जीवन में बैठ रहा है और चारों ओर से वे घिर रहे हैं।

इससे छुटकारा पाने के लिए वह किसी बुवा, बाबा, महाराज, ईश्वर के पीछे लगता है। उनके कहने के अनुसार अँगूठी पहनता है, तिलक लगाता है, राम नाम का जप करता है, सम्मोहन की गहरी निद्रा में जाकर या कुंडलिनी जाग्रत कर या बाबा के आगे पूरी तरह से शरणार्थी बनकर अपने प्रश्न चुटकी में छुड़ाने की आशा रखता है। उसके सारे प्रश्न समाज की गठन से जुड़े हैं। लेकिन उन प्रश्नों को छुड़ाने के लिए व्यवस्था परिवर्तन के आन्दोलन में उतरने की अपेक्षा धार्मिक संस्कृतिक परम्परा से आए और जैसे सीधे अलीबाबा की गुफा में लेकर जानेवाला बिना संघर्ष का यह रास्ता समाज के अधिकतर लोगों की मानसिकता को नज़दीक का, और अपना-सा लगता है। सुप्रसिद्ध कवि मंगेश पाडगाँवकर द्वारा 'उदासबोध' काव्यसंग्रह में बुवा की शक्ति का निरूपण करते समय लिखी गई कुछ पंक्तियाँ इस यथार्थ पर प्रकाश डालती हैं—

लोग ख़ाली पेट दुर्बल बने, अन्दर ही अन्दर टूट गए
अदृश्य दहशत से हैरान, नहीं किसी का आधार,
यहाँ हर एक को चाहिए, कोई जबरी बुवा
जो निकालेगा सारा जुआँ, मन की चिंता का,
पहले बोले 'जय साईं', फिर अधिकारी रिश्वत खाए
अभी तक पकड़ा न गया, कृपा बोले बाबा की,
हम ढूँढ़ेंगे नहीं, हम लड़ेंगे नहीं
हम जूँझेंगे नहीं, जीवन से,

रीढ़ की हड्डी घिस गई, सरजोर के आगे सब लाचार,
बुवा के नाम का जप देई नशा।

जनसामान्य के मन को इस नशे से मुक्त करने का काम वैज्ञानिक दृष्टिकोण का होता है, और ऐसा वैज्ञानिक दृष्टिकोण शिक्षा से मिलता है। राजनीति तथा सामाजिक जीवन में इसका आग्रह करना पड़ता है। लेकिन इस सम्बन्ध में तो सभी ओर निराशा ही है। भले ही वैज्ञानिक दृष्टिकोण देश के संविधान में नागरिकों का कर्तव्य रहा है या शिक्षा विषयक नीति का हिस्सा रहा होगा लेकिन वह कई कारणों से यहाँ के जनसामान्य की आत्मीयता का विषय नहीं रहा है। फिर इसके आधार पर जीवनयापन करने की बात तो बहुत दूर की रही। समाज में वैज्ञानिक दृष्टिकोण के विचार की प्रतिष्ठा न होने से राजकीय नेताओं को उसका आग्रह करने की आवश्यकता ही महसूस नहीं होती। समाज समझदार बने, वह वैज्ञानिकता को अपनाए इसलिए सत्ताधीश कभी भी राजकीय इच्छाशक्ति नहीं अपनाते। स्वाभाविक रूप से शिक्षा में आनेवाला वैज्ञानिक दृष्टिकोण यांत्रिक होता है। उसके पीछे के मूल्यभाव का विचार अध्यापकों को नहीं होता, इसी कारण उसके छात्रों तक पहुँचने की सम्भावना तो बहुत दूर की बात।

इस परिस्थिति के कारण समझदार विचार तथा उसके कृतिशील हिस्से के रूप में गुरुडम का आग्रह सम्भव नहीं होता और ऐसे निर्धारण के अभाव में समाज मानस बदलना कठिन हो जाता है। प्रसार माध्यम भी ऐसे प्रकारों को खाद-पानी डालते रहते हैं। इन सभी कारणों के साथ एक और जैविक कारण रहने की सम्भावना है। मूलत: मनुष्य का मस्तिष्क प्राणी का मस्तिष्क है। उत्क्रांति काल में प्रगत अवस्था में मस्तिष्क धारण करनेवाला मानवीय मस्तिष्क उस प्राणी मस्तिष्क पर हावी हुआ। पशुमस्तिष्क के विकास के लिए करोड़ों साल लग गए। उस तुलना में मानवी मस्तिष्क की उत्क्रांति बहुत कम समय में हुई। इस गति से मस्तिष्क के इन दोनों हिस्सों में आवश्यक सुसंगति निर्माण होने के लिए जितना समय मिलना चाहिए था, उतना मिल नहीं पाया। इसी कारण मानवी मस्तिष्क को अपने ही मस्तिष्क का बड़ा हिस्सा रहे प्राणी मस्तिष्क, और उसके द्वारा व्यक्त होनेवाले अतार्किक विचार तथा बर्ताव को मात करना नहीं आया। याने हमेशा वैज्ञानिक दृष्टिकोण से ही विचार करने की क्षमता मानवी मस्तिष्क को आज तक नहीं मिली है। याने जीवन की प्राथमिक शारीरिक सहज प्रेरणाएँ भूख, नींद, भय, मैथुन के प्रभाव तथा पारम्परिक संस्कार के अधीन ही हैं। इससे

उसे मुक्त करने और वैचारिक वैज्ञानिक दृष्टिकोण को पूरे जीवनभर सारे निर्णयों में समर्थन करने की क्षमता मनुष्य के मस्तिष्क में पैदा होने के लिए स्वाभाविक रूप से कुछ समय देना चाहिए। प्रभावी शिक्षा से यह काल कुछ कम हो सकेगा लेकिन यह ध्यान में रहे कि उसकी अपनी मर्यादाएँ भी हैं। यह जैविक स्थिति स्वाभाविक रूप से मनुष्य को अविवेकी विचार करने और उससे गुरुडम की ओर ले जाने के लिए ज़िम्मेदार बन सकती है।

इस वैचारिक प्रस्तुति के बावजूद कुछ मजबूत भौतिक नींव के सिवाय आज जिस तरह से गुरुडम फैला है वैसे चारों दिशाओं में नहीं फैल सकता है। कोई भी बाबा या बुवा, स्वामी या महाराज केवल लोगों के भोलेपन तथा मूर्खता पर अपने पैर नहीं जमाता या केवल धर्म या अध्यात्म ही उसके प्रभाव बढ़ाने के लिए सहायभूत नहीं होता। कोई भी सफल बाबा पैसा, नेता, प्रेस, जाति, सत्ता, धर्म, बदमाशी आदि बातों का उपयोग अपने गुरुडम की रक्षित फौज के रूप में करता है। गहराई में जाकर थोड़ी छान-बीन करने पर यही बात नज़र आएगी। इसी कारण ऐसी छान-बीन का बाबा और उसके भक्त हिंसक विरोध करते हैं। उन्हें पैसा काफ़ी मात्रा में मिलता है। हिसाब लगाना, टैक्स देना जैसी आमजनों को सताने वाली क्षुद्र बातों से बाबा अलिप्त रहता है। इन पैसों के द्वारा वह मीडिया के साथ गुंडों को भी ख़रीदता है। बाबा का माहौल तैयार होने तथा लोगों के झुंड बाबा की ओर आने से नेतागण अपने आप बाबा की ओर आने लगते हैं। उनका सम्बन्ध मूल्यों से नहीं रहता। उन्हें लगता है कि बाबा के प्रभाव से अपने कुछ वोट बने रहेंगे या बढ़ेंगे। कभी-कभी तो ये नेतागण अन्धविश्वासी ही बनते हैं। शायद सुरक्षा के ये कवचकुंडल कम लगते होंगे इसलिए धर्म को भी कवचकुंडल के रूप में अपनाते हैं। गुरुडम के ख़िलाफ़ संघर्ष शुरू करने पर कभी-कभी बाबा तथा उसके चमचे कानाफूसी या छिपकर मुहिम छेड़ते हैं कि 'देखिए, असल में इनका संघर्ष हमारे साथ नहीं है, इन्हें हिन्दू धर्म को कलंकित करना है।' इससे भी काम न बनने पर बाबा की जाति और उसके ख़िलाफ़ संघर्ष करनेवाले कार्यकर्ता की जाति को ढूँढ़ा जाता है।

कुल मिलाकर अर्थ इतना ही है कि, एकाध गुरुडम जब फैलता है उस समय उपर्युक्त व्यवहार में उसके कारण बसे होते हैं। धर्मभास्कर वाघ हो या नरेंद्र महाराज, निर्मला माता देवी हो या सत्यसाईं बाबा इन सभी के पास उनके स्तर के अनुसार चकित करनेवाली सम्पत्ति मिलती है। बिकाऊ समाचार-पत्र

तथा दृक-श्राव्य माध्यम जान-बूझकर उनका ढिंढोरा पीटते हैं। किसी के विरोध करने पर उसके आध्यात्मिक बुर्के पुरी तरह से फाड़े जाते हैं। धर्मभास्कर वाघ ने तो हिले सम्प्रदाय नाम से मारपीट करनेवाले गुंडे रखे थे। नरेंद्र महाराज के गुंडों ने 'चित्रलेखा' के संवाददाता को बेरहमी से पीटा था। निर्मला माता के भक्तों की मार तो समिति के कई कायकर्ताओं ने खायी है। सत्यसाईं बाबा पर हमला करनेवाले उनके ही चार भक्तों को कमरे में क़ैद होने पर भी गोलियों की बौछार से उनका काम तमाम कर दिया। पूरे विश्व में कहीं भी आश्रय न मिलने पर अन्त में रजनीश भारत वापस आए। अवैध रूप से अपने पहले वाले पुणे के आश्रम में रुके। पुणे के तत्कालीन पुलिस कमिश्नर ने तत्काल रात्रि के एक बजे उनको निर्वासन की नोटिस थमा थी। रात्रि के दो बजे वकील जेठमलानी ने फोन से इस आदेश को हाइकोर्ट से तत्काल स्थगित करने की बात बताई। बाबा की पहुँच कैसे और कहाँ तक होती है, इसे स्पष्ट करनेवाला यह किस्सा कमिश्नर श्री भास्करराव मिसर ने अंनिस के दीपावली विशेषांक में लिखा है।

हर बाबा के पास धर्मग्रंथ और अध्यात्म का ज्ञान नहीं रहा तो भी चलेगा, लेकिन व्यवहार ज्ञान और चालाकी आवश्यक है। बाबा की जाँच शुरू होने पर उसकी यह चालाकी नज़र आती है। कोई भी बाबा सम्भवत: किसी भी काग़ज़ पर हस्ताक्षर नहीं करता है। कुछ भी लिखित रूप में नहीं देता। बुवा के संस्थान के करोड़ों रुपयों के ट्रस्ट होते हैं। कई आर्थिक व्यवहार होते हैं। यहाँ पर बाबा का ही कहा माना जाता है। लेकिन इन सभी में बुवा, बाबा कहीं भी नहीं होता। ट्रस्टी न होने के कारण आर्थिक लेन-देन में फँसने का सवाल ही नहीं पैदा होता। इसी कारण सब कुछ करके भी वे अलिप्त रहते हैं।

बाबा को सफलता प्राप्त करने के लिए उसके भविष्य कथन सच होने चाहिए। इसके सिवाय बाबा त्रिकालदर्शी कैसे बनेगा? बाबा के सच साबित हुए भविष्य का हमेशा डंका पीटा जाता है और ग़लत भविष्य के बारे में सुविधापूर्वक मौन रखा जाता है। संभाव्यता के सिद्धान्त पर ध्यान दें तो यह समझ में आएगा कि, बाबा के अचूक भविष्य बताने के दैवी सिद्धान्त की नींव कितनी बनावटी है। लड़का होगा या लड़की? शादी तय होगी या नहीं? चुनाव जीतेंगे या हारेंगे? जैसे प्रश्नों को लेकर भक्त बाबा की ओर जाते हैं। 'लॉ ऑफ़ प्रोबैबिलिटी' के अनुसार ऐसे प्रश्नों के उत्तरों में पचास प्रतिशत उत्तर सही होने की सम्भावना रहती है। लेकिन सही सिद्ध हुए भविष्य का ढिंढोरा पीटा जाता है और ग़लत

भविष्य सम्बन्धित लोगों के नसीब का खेल माना जाता है।

देखा जाए तो यह सही है कि गुरुडम बिना लागत वाला धंधा है लेकिन कुछ सुविधाएँ इसे बहुत अच्छी तरह से चलाती हैं। प्रभावी व्यक्तित्व के साथ धर्म, दर्शन, योग, सेक्स आदि विषयों पर ऐसे बोलना जो लोगों को नवीनतापूर्व लगे और पसन्द भी आए। हिन्दी और अंग्रेज़ी भाषा पर अधिकार जैसी बातें बाबा का प्रभाव बढ़ानेवाली होती हैं। इस सम्बन्ध में रजनीश आदर्श रहेंगे। उनका हिन्दी और अंग्रेज़ी भाषा पर जबरदस्त अधिकार था। व्यापक पठन था। आधुनिक वेशभूषा के साथ अत्यंत ऐशोआराम वाले जीवनयापन से उनके एक वलय का निर्माण हुआ। ऐसी बातों को गूढ़ता तथा चमत्कार की अफ़वाहों से भी जोड़ दिया जाता है। रजनीश से सम्बन्धित प्रकाशित किताब में यह उल्लेख देखें—'परमोच्च ज्ञानप्राप्ति के लिए उन्होंने पिछले जनम में एक सौ छह वर्ष और इक्कीस दिनों का उपवास रखा लेकिन अठारहवें दिन ही उनका ख़ून किया गया। उपवास के तीन दिन बाक़ी रहे। इसी कारण इस जनम में, जन्म होने पर पहले तीन दिन उन्होंने कुछ भी नहीं लिया।' ऐसी अद्‌भुत, सरस चमत्कारिक गूढ़ बातें जानेमाने सभी बुवा-बाबाओं के बारे में सुनने को मिलती हैं। बाबा के इर्द-गिर्द गूढ़ वलय निर्माण करने के लिए अफ़वाह के मानसशास्त्र का प्रयोग व्यवस्थित तथा प्रभावी रूप से किया जाता है। मशहूर बने या बनने की कगार पर खड़े किसी भी बाबा या बुवा की थोड़ी जाँच करें तो, इस प्रकार की कथाएँ सुनने को मिलती हैं तथा किताबों में लिखी मिलती हैं कि उसकी औषधि से संधिवात के कारण घुटने न हिलानेवाली औरत स्वस्थ होकर कैसी टून-टून छलाँगें लगाने लगी। प्रत्यक्ष तलाश करने पर ये लोग कहीं भी मिलते नहीं हैं।

कोई भी गुरुडम जब प्रभावी बनता है तो उसके कारण तत्कालीन परिस्थिति में छिपे नज़र आते हैं। ऐसे कारणों का व्यवस्थित अध्ययन करने की आदत हमारे पास नहीं है। ऐसी प्रस्तुति करने की कोशिश रजनीश के बारे में हुई है। 1950 के आसपास पश्चिम के मनोवैज्ञानिक फ्रायड के मानसशास्त्र से अलगाव रखने लगे। कुछ मानसोपचार विशेषज्ञ ऐसी प्रस्तुति कर रहे थे कि, मानसोपचार शास्त्र मनुष्य की बीमारी की खोज करने तथा इलाज करने के लिए न होकर मानवमात्र के लिए ठोस सुधार करने का काम करे। उन्होंने अपने नए चिन्तन के लिए बहुत अध्ययन किया। बड़ी उत्सुकता से योग, वेद, बौद्ध धर्म की उपासना आदि भेंट की। उसमें उन्हें धर्म के जितना ही मानसोपचार का हिस्सा दिखाई दिया लेकिन

इस विचार की आश्रमों में चलनेवाली साधना, पारम्परिक कर्मकांड और कड़ी नीतिकल्पनाओं में बँधी थी, जो उनके पश्चिम की मानसिकता को पसन्द न थी। यह सारी खोज-बीन चल रही थी तभी इस खोज-बीन में उन्हें आचार्य रजनीश सबसे अलग लगे। उनका दर्शन किसी प्रगतिवादी गुरु जैसा था। एक अर्थ से 'प्रगतिवादी गुरु' शब्द का प्रयोग विपरीत अर्थवाला ही है। 'मुझ पर विश्वास रखें, मैं आपकी ज़िम्मेदारी लेता हूँ' की बात छोड़ दे तो धाराप्रवाह अंग्रेज़ी में बगावत लानेवाले दर्शन की प्रस्तुति करनेवाले रजनीश अन्यों से अलग थे। मनुष्य की समाधि की अनुभूति उसके संभोग से जोड़कर दिखानेवाले तथा स्त्री-पुरुष शरीर सम्बन्ध से पुरुष और प्रकृति, शिव और शक्ति, निर्माता और निर्मिति के दर्शन करानेवाले रजनीश पाश्चात्यों को पसन्द आए।

तब तक उपासना का आधुनिक मार्ग विवेकानन्द और गांधी का था। इस उपासना में तांत्रिक पंथ को बलपूर्वक दूर रखा गया था। रजनीश ने अपने उपदेश में इस तांत्रिक पंथ का बड़ी सफ़ाई से उपयोग किया। इसी कारण शरीर सम्बन्ध के माध्यम से चैतन्य के अलौकिक तत्त्व की अनुभूति देने का दावा करनेवाले उसके दर्शन ने पश्चिम के लोगों को आकर्षित किया। असल में रजनीश जो बताते थे उसमें कई सारी कमियाँ तथा अन्तर्विसंगतियाँ थीं, फिर भी अधिकतर सभी गुरुओं को जो लाभ मिलता था, वही रजनीश को भी मिला। सामान्य भक्त प्राच्य हो या पाश्चात्य, उसे धर्म और धार्मिक विचार पद्धति के अनेक पंथों के बारे में इतनी कम जानकारी रहती है कि, उससे सम्बन्धित (ग़लत) जानकारी देनेवाला गुरु उन्हें ग्रेट लगता है। वह उनकी भावनिक आवश्यकताओं की भी पूर्ति करता है। रजनीश तो दर्शन का प्राध्यापक था। प्राच्य और पाश्चात्य दर्शन का उसका अध्ययन था। मानवी स्वभाव की समझ रखनेवाला वह अच्छा निरीक्षक था। उसका हिन्दी भाषा पर अधिकार था। ध्यान धारणा की नई कल्पनाओं को खोजने की उसमें विशाल क्षमता थी। व्यंग्य-विनोद की अच्छी समझ थी। इसके साथ अपनी योजनाओं पर अमल करने की दृष्टि से लोगों से काम करवाने में वह प्रशिक्षित तथा कठोर दिलवाला था। 70 के दशक में पश्चिम का 'ग्रोथ मूवमेंट' कमज़ोर पड़ रहा था। मनुष्य के मन को बाँधकर रखनेवाले अलग-अलग प्रयोग चल रहे थे। कभी वे सूफी नृत्य के तो कभी अतींद्रिय शक्ति के अनुभव के थे। कभी चीन के मन के नियमन करनेवाले तो कभी तिब्बत धर्म के। इन सभी में कुशलता से कुछ एक आध्यात्मिक विचार गूँथने की आवश्यकता महसूस की जा रही थी। रजनीश ने

इस आवश्यकता को बड़ी चतुराई से पाट लिया। 'ग्रोथ मूवमेंट' का कुछ हिस्सा और भारत की पारम्परिक ध्यानधारणा की पद्धति के संयोग से रजनीश ने अपने पाश्चात्य शिष्यों को पसन्द आनेवाला एक नया फॉर्मूला ढूँढ़ निकाला।

भारत में सत्तर का दशक युवाओं के लिए निराशा का काल था। इसी काल में राज्य-राज्य में कांग्रेस की एकसंध सत्ता को चुनौती मिली। दूसरी ओर वामपंथी दल विभाजित हुए। विदेश में भी बेकारी, मुद्रा-स्फीति में हुई बढ़ोतरी से आई खिन्नता से हिप्पियों का उदय हुआ। ऐसे वक़्त में समाजवाद, गांधी आदि पर कठोर टीकाएँ कर अच्छा जीवन, लैंगिक आज़ादी के साथ उच्च स्तर के आत्मदर्शन का भरोसा देनेवाला रजनीश लोकप्रिय नहीं होता तो आश्चर्य ही होता। रजनीश ने मदर टेरेसा हों या पोप पॉल, मुरारजी देसाई, प्राचीन हिन्दू धर्म हो या ईसाई इन सभी पर ज़ोरदार प्रहार किए। अपने अनुयायियों को मुक्त विचार के सर्वश्रेष्ठ दर्शन और अनुभूति देने का दावा किया। सामूहिक सम्मोहन के लिए अपनाए गए कई मार्ग भी उसके लिए उपयुक्त सिद्ध हुए। इन सभी का अर्थ यही निकलता है कि, एकाध बाबा अथवा बुवा जब निर्माण होता है उस समय वह उस समाज के लोगों की आवश्यकताओं को पूर्ण करता है। अर्थात, प्रभाव जमाने के पहले ऊपर वर्णन की गई साधनसामग्री उसे आवश्यक होती है। वह उसका प्रयोग करता है। 1960 के आसपास पूरे विश्व में व्यवस्था विरोधी (एंटी इस्टैब्लिशमेंट) आन्दोलनों का उदय हुआ और उसकी व्यर्थता महसूस कर कई धार्मिक तथा धर्मसदृश्य पंथ निर्माण हुए। ये सारा परिवेश रजनीश के लिए अनुकूल रहा। हमारे देश में विविध बाबा, बुवा, पंथ जिस गति से जन्म ले रहे हैं, उनके कारण भी ऐसे व्यापक सामाजिक पर्यावरण में खोजने चाहिए।

असल में बुवा, बाबा, स्वामी, महाराज, गुरु पर श्रद्धा रखना विश्वास की बात है। भक्त की यह भावना रहती है कि जिस गुरु या बाबा पर मैं विश्वास रखता हूँ उसे मेरे कल्याण के प्रति पूर्णतया आस्था है। मेरा कल्याण उसके हाथों में सुरक्षित है। भक्त महाराज पर पूर्णतया निर्भर रहता है। स्वामी अथवा महाराज द्वारा छल-कपट होने की कल्पना वह सहन नहीं कर सकता। यह बात बिल्कुल वैसी ही है जैसे छोटे बच्चे अपने माँ-बाप पर विश्वास रखते हैं। कई बार माँ-बाप बच्चे पर ग़ुस्सा होते हैं, उसे पीटते हैं। बच्चे की दृष्टि से यह बात अप्रिय है। वह उनके हेतु को समझ नहीं पाता। लेकिन इन अनुभवों में ढलकर बच्चे को माँ-बाप के अपने ऊपर रहे शुद्ध प्रेम से सम्बन्धित जो आश्वासन

मिलता है, उससे माँ-बाप पर उसका विश्वास बना रहता है। बच्चा जब प्रगल्भ बनकर यह सब समझता है तब माँ-बाप पर उसका विश्वास नहीं रहता। प्रेम, आदर, कृतज्ञता जैसी भावनाएँ रहती हैं लेकिन उसका रिश्ता अब प्रगल्भ या अपने समकक्ष व्यक्ति से बनता है। ऐसा नहीं हुआ और प्रगल्भ बच्चा बालक जैसा, छोटी उम्र जैसा माँ-बाप पर आश्रित रहने लगा तो उसके प्रौढ़ रूप में हुए विकास के बारे में हमारे मन में शंका पैदा होगी। बाबा के पैरों पर अपना पूरा जीवन कुर्बान करनेवाले भक्त के बारे में यही घटित होता है।

बाबा के शिष्य कहलाने वाले प्रौढ़त्व में भी अपना बचपना क़ायम रखते हैं। विश्वास का एक आकृतिबंध रहता है। व्यक्ति पर विश्वास किया जाता है। जिस व्यक्ति पर विश्वास रखा जाता है वह व्यक्ति श्रद्धालु भक्तों के हित की रक्षा करनेवाला है, इस सम्बन्ध में श्रद्धालुओं के मन में आशंका नहीं होती। यह विश्वास अनुभव के पार जानेवाला होता है। जो व्यक्ति विश्वास करता है वह उसके विश्वास की अवस्था में उस विश्वास का प्रमाण अनुभूति के आधार पर सिद्ध नहीं कर सकता। कई बार विसंगत या विपरीत अनुभूति के बावजूद विश्वास रखा जाता है। विश्वासपात्र व्यक्ति का ज्ञान, वैचारिक क्षमता तथा कार्य श्रद्धालु व्यक्ति की क्षमता के दायरे से बाहर रहता है, याने यहाँ खुले तौर पर श्रेष्ठ-कनिष्ठता का रिश्ता मौजूद रहता है। हम एकाध विधान को आवश्यक सबूत के आधार पर सत्य मानते हैं तथा सबूत के न होने पर असत्य। किसी भी विधान के आवश्यक सबूतों के अभाव में सत्य न होने पर विश्वास से उसकी सत्यता को स्वीकारने का प्रश्न ही नहीं होता। और विश्वास से जो विधान सत्य के रूप में अपनाया जाता है, उसके सबूत के आधार पर सत्य के रूप में सिद्ध न होने पर उसे सत्य के रूप में अपनाना अविवेक़ ही सिद्ध होता है। लेकिन यहाँ मानवी मनोव्यापार को ध्यान में रखकर विश्वास के दो भेद करने पड़ते हैं। नोट दुगने होकर मिलने की इच्छा, फलाँ-फलाँ कर्मकांड करने पर निश्चित तौर पर फलाँ-फलाँ लाभ मिलने की भावना आदि का प्रभाव मन पर पड़ने से निर्माण होनेवाली अविवेकी वृत्ति और मानवी कल्याण का अन्तिम दर्शन किसी महाराज के द्वारा ही सम्भव है, इसे समझना और उसी तरह से आचरण करने में ही जीवन का परम कल्याण है, ऐसा विश्वास रखनेवाली अविवेकी वृत्ति में अन्तर रखना होगा। विश्वास का यह दूसरा रूप अधिक जटिल है। कई बाबाओं के बारे में इस तरह का प्रतिवाद उनके समर्थक करते रहते हैं, इसलिए इसे अधिक तफ़सील से समझना होगा।

जो लोग विश्वास से महाराज अथवा गुरु के द्वारा सत्य को अपनाते हैं उनकी भूमिका साधारणतया ऐसी रहती है कि कुछ सत्य का ज्ञान मानवी ज्ञानशक्ति के परे होता है। यह ज्ञान सर्वश्रेष्ठ मानवी कल्याण के लिए अत्यावश्यक है। अधिकारी व्यक्ति द्वारा वह लोककल्याण के लिए (ईश्वर की कृपा से) प्रगट होता है। ऐसे अधिकार रखनेवाले व्यक्ति का अन्त:करण, बुद्धि पूर्णतया शुद्ध बनी रहती है। इस ज्ञान या ज्ञान के आशय के विधानों की सत्यता या असत्यता को सिद्ध करना मानवी क्षमताओं के दायरे के बाहर का काम है। लेकिन अधिकारी पुरुष पर रखे विश्वास के कारण ही इसे प्रमाण के रूप में अपनाया जाता है। ऐसे बाबा, स्वामी तथा महाराज का संक्षेप में ऐसा विवेचन होता है कि, मैं जो बता रहा हूँ वह आपके कल्याण के लिए है। लेकिन आपका भला किसमें है, इसे समझना आपकी आकलन क्षमता के दायरे के बाहर है। आप मेरे ऊपर रखे विश्वास से इस विवेचन को सत्य के रूप में अपनाएँ।

अधिकारी पुरुष द्वारा सामान्य जन को संबोधित किया गया कथन ऐसा ही होता है और इसी वृत्ति के कारण आम लोग उसे स्वीकारते हैं। मूलत: यह भूमिका विसंगत है। इसमें ऐसा माना जाता है कि, मानवी ज्ञानशक्ति के बाहर रहकर भी मनुष्य को उसका ज्ञान प्राप्त हो सकता है। यह कुछ अपनी ही खाल से बाहर छलांग मारने जैसा प्रकार है। कोई व्यक्ति सर्वज्ञ है, ऐसा समझना तब तक उचित नहीं जब तक कोई स्वयं सर्वज्ञ नहीं है। इसी कारण विश्वास से ऐसा मानना पड़ता है कि अधिकारी व्यक्ति सर्वज्ञ सर्वशक्तिमान ऐसे ईश्वर का सन्देश प्राप्त है। इसमें भी मज़ेदार बात यह है कि, ईश्वर है और उसने फलाँ-फलाँ महाराज को अधिकार दिया है। इसकी जानकारी होने के कारण सम्बन्धित व्यक्ति को अधिकारी नहीं माना जाता। बल्कि भक्त यह मानता है कि, वह सामान्य व्यक्ति से अधिकारी है तथा ईश्वर या किसी अन्य शक्ति ने उसे मानवी ज्ञानशक्ति के उस पार का ज्ञान दिया है। अब ईश्वर है या नहीं तथा मानवी ज्ञानशक्ति के उस पार का ज्ञान है या नहीं, इसकी जानकारी न रखते हुए भी फलाँ-फलाँ व्यक्ति उस ज्ञान का अधिकारी है यह कैसे समझते हैं? इसे समझना याने अनुभव, तर्क, सबूत के उस पार छलाँग लगाना है लेकिन जगह-जगह पर भक्त प्रत्यक्ष रूप से अपने-अपने बाबा, बुवा, गुरु, महाराज पर विश्वास कर ऐसी छलांगें लगाते हैं। भक्त से विशिष्ट व्यक्ति के अधिकार पर विश्वास रखने की बात का समर्थन ऐसे मिलता है कि, फलाँ-फलाँ व्यक्ति अधिकारी होने का प्रमाण नहीं मिल सकता

लेकिन ऐसा तीव्रता से महसूस होता है कि एकाध सुराग मुझे मिला है। परतत्त्व स्पर्श, ईश्वर की कृपादृष्टि, ज्ञानेंद्रियों के उस पार का ज्ञान आदि सब कुछ या इसमें से कुछ उस व्यक्ति के जीवन में होने के सुराग का एहसास भक्त को होता है। अब ये सुराग याने सबूत नहीं हैं, जिन पर निर्भर होकर बाबा की सेवा में अपने आप को झोंकने के लिए विश्वास रखकर ही छलांग लगानी पड़ती है। इसी कारण विश्वास में दृढ़ता को महत्त्व रहता है।

अब आन्दोलन की दृष्टि से महत्त्वपूर्ण प्रश्न इसके आगे की सीढ़ी पर खड़ा होता है कि ये सुराग कौन से हैं? परतत्त्व के स्पर्श करने के बाद ये लोग अन्य लोगों जैसे नहीं रह सकते। यह अलगता दो प्रकार की हो सकती है। पहले प्रकार में ऐसा व्यक्ति असामान्य होता है, वह चमत्कार करता है, भविष्य कथन करता है जो सच साबित होते हैं। उसके द्वारा किया कथन सत्य सिद्ध होता है। दूसरे प्रकार के लोग चरमकोटि के सत्वर्तनी, सद्गुणी तथा सज्जन होते हैं। उनका जीवन सामान्य लोग देख सकते हैं जो अलग तरह का तथा अलग स्तर का होता है। बुद्ध या ईसा, सन्त तुकाराम तथा गाडगेबाबा इसके उदाहरण हैं। अधिकतर लोगों को इस दो प्रकार के सुराग खोजने का अजब आकर्षण रहता है। जिस मात्रा में विधानों को अनुकूल सबूत प्राप्त है, उसी मात्रा में सत्य के रूप में उसे अपनाने के तत्त्व में विवेकवाद का सार है। इसमें विश्वास के लिए कोई जगह नहीं है। इससे यह सिद्ध हुआ है कि लोग ऐसे विश्वास के सिवाय बेहतर, सृजनशील, नि:स्वार्थ पद्धति से जीवनयापन कर सकते हैं।

दूसरी ओर अब तक के संस्कृति के इतिहास से यह दिखाई देता है कि, मानवी मन में विश्वास से अधिकारी पुरुष के द्वारा अतीत में झाँकने की प्रवृत्ति मौजूद है। क्या ऐसा विश्वास मनुष्य की मूलभूत प्रवृत्ति है, यह बहुचर्चित विषय है। एक प्रस्तुति ऐसी भी है कि, विश्वास की यह धारणा मनुष्य प्राणी के 'मनुष्य' के रूप में हुए विकास के साथ ही उसके मन की आन्तरिक विशेषता के रूप में जन्मी हुई धारणा है। उसका रूप तर्कशक्ति से विसंगत होगा, विकृत, मतलबी तथा विवेकहीन होगा, उसके ख़िलाफ़ संघर्ष करना होगा। लेकिन यह आवश्यक नहीं कि मनुष्य के मन की विशेषता रहा सृजनशील विश्वास विज्ञाननिष्ठा का विरोधी रहा हो। इस अर्थ से विश्वास की यह प्रवृत्ति मानवी प्रकृति का अंग बनती है। सुसंस्कृत होने का अर्थ, मनुष्य अपने आप से, अन्य लोगों तथा प्रकृति से बने रिश्ते की सभी वैकल्पिक सम्भावनाओं को ध्यान में रखकर जीवनयापन करे।

ये सम्भावनाएँ अलग-अलग जीवन प्रकारों को सामने लाती हैं। उनका आदर करना चाहिए। लेकिन मनुष्य और विश्व से सम्बन्धित यह ज्ञान हर मानवी व्यक्ति को समतामूलक, अच्छा जीवनयापन करने के अधिकार से सुसंगत रहा होगा। इस कसौटी पर यह तय होना चाहिए कि, किसी भी गुरु पर रखा गया कथित विश्वास निरामय है या विकृत मोड़ पर खड़ा है। इस 'क्ष किरण' समीक्षा से बाबा के ऊपर होनेवाले विश्वास की परख होनी चाहिए।

शुद्ध पवित्र जीवन एक उच्च ध्येय है लेकिन इसे प्राप्त करने के लिए बाबा की शरण में जाना किसी भी अर्थ में उपकारक होने की सम्भावना नहीं है। व्यक्ति को स्वयं मनुष्य के मन की कामवासना और अभिलाषा का एहसास ईमानदारी से होना चाहिए। समता, व्यक्ति स्वातंत्र्य, मन की जिज्ञासाओं का समाधान करने के लिए प्रश्न पूछने की आज़ादी को महत्त्व दिया जाना चाहिए। निर्मला माता की तरह स्वाभाविक भावनाओं पर कठोर टीका करना तथा रजनीश की तरह अनिर्बंध खुली छूट देना ग़लत है। मानवी स्वतंत्रता और निर्णय से मनुष्य स्वच्छंद रूप से जीवन का मज़ा लेता है। इसी कारण उसे इससे पैदा होनेवाले स्वैराचार से बचाने के लिए किसी बाबा, बुवा, महाराज के आध्यात्मिक दर्शन से रोकना होगा, यह बात मनुष्य के रूप में होनेवाले विकास के लिए अधिकतर उपकारक नहीं है। इस पर ग़ौर करना आवश्यक है कि, अध्यात्म के सारे पेच जिस आत्मपूर्ति दर्शन के लिए चलते हैं, उसके लिए भी मानवी मन की शरण्यता नहीं, आज़ादी आवश्यक है।

प्रत्यक्ष रूप से बाबा, बुवा करते क्या हैं? इसका अध्ययन करने पर क्या दिखाई देता है? इस देश में सन्तों ने धर्म के माध्यम से मानवता और करुणा का मार्ग बताया तथा कृतिशील आचरण कर दिखाया। लोगों को अपने जाल में फँसानेवाले बुवा, बाबा, स्वामी, महाराज अपने लाभ के लिए सन्त साहित्य का उपयोग करते हैं। लेकिन अपनी वाणी से सन्तों के विचारों का दिखावटी उद्घोष करनेवाले लोग प्रत्यक्ष आचरण से पूर्णतया मतलबी होते हैं। उनके द्वारा परतत्त्व के रास्ते पर चलना पूर्णताया असम्भव है। ये सारे बाबा तथा बुवा अपने आप में उलझे रहते हैं। उनकी सारी योजना व्यक्ति माहात्म्य बढ़ाने के तंत्र की होती है। बाबा के भक्तों के विशिष्ट रंग के कपड़े, मालाएँ, सीने पर महाराज की तसवीर का बैज, पिन, बाबा द्वारा दिया गया जीवन के उद्धार का छोटा-बड़ा मंत्र आदि से पहलेपहल एकता की भावना पनपती है। इस भावना में समाधान के साथ सामर्थ्य रहता है। आगे जाकर इस परिवेश की आदत-सी हो जाती है। इसके सिवाय रहना

असम्भव बनता है। एकाध भक्त द्वारा ऐसी इच्छा व्यक्त करने पर उस पर लीक से हटकर जीवनयापन न करने की सख़्ती की जाती है। सारे कारोबार में एक प्रकार की गुप्तता रखी जाती है। चाहे मठ मामूली नरेंद्र महाराज का हो या अपने आप को भगवान समझनेवाले ओशो आचार्य रजनीश का, सभी ओर यही प्रक्रिया रहती है। महाराज की भक्ति के बिना जीवन व्यर्थ है, ऐसा महसूस होना जीवन की इति कर्तव्यता बनती है। महाराज का विरोध करना महापाप है। उनका विरोध करनेवाले दुर्जनों का नाश पुण्य माना जाता है। ऐसा सन्देश हमेशा अंकित किया जाता है कि महाराज के अनुग्रह से ही जीवन का कल्याण होगा तथा भवसागर पार होगा। इससे भक्त कड़ुआ सेनानी बनता है। गुरुडम न टूटनेवाला षड्यंत्र बनता है। उसे बनाए रखने के लिए हमेशा ब्रेन वॉशिंग या कंडिशनिंग शुरू रहती है। इससे भक्त को सम्मोहित करनेवाला वातावरण तैयार होता है। सम्मोहित अवस्था में मनुष्य की चिकित्सक बुद्धि अवरुद्ध होती है। कई बार तो महाराज के ऊपर की भक्ति तथा प्रीति से भक्त का सम्मोहन सदृश्य अवस्था में चले जाना सहज सम्भव होता है। संवेदनाओं के भ्रम बन सकते हैं। आस-पास कुछ भी न होने पर भी चंदन की गंध आती है। देवताओं के मधुर स्वर कान में गूँजते हैं। बहुत ही नसीबवान होनेवाले को ईश्वर का दर्शन होता है या महाराज ईश्वर के रूप में दर्शन देते हैं। दैवी चमत्कार का साक्षी बनने का परम पुण्य मिलता है। बाबा शब्द मानो मोक्ष का दरवाज़ा खोलनेवाला ही महसूस होता है। लुभानेवाला माहौल और प्रभावित हुए श्रद्धालु के लिए एक ही सन्देश रहता है कि, भक्त के सम्पूर्ण जीवन की ज़िम्मेदारी बाबा ने उठाई है, यह परमभाग्य की बात है। जीवन की सारी चिंताएँ दूर हो गई हैं। अब सुख, शान्ति, समाधान, समृद्धि का महाद्वार खुलनेवाला है। बाबा की कृपा व आशीर्वाद से भक्त को भौतिक, भावनिक, आध्यात्मिक, अलौकिक आदि आधार एक ही समय में प्राप्त होनेवाले हैं।

जिस आध्यात्मिक कल्याण के लिए बाबा के पास जाना है, उस आध्यात्मिक कल्याण की एकसंध प्रस्तुति नहीं हुई है। फिर भी 'जहाँ विज्ञान ख़त्म होता है वहीं से अध्यात्म शुरू होता है' वाला वाक्य बड़े चाव से सुनाया जाता है। साथ ही आध्यात्मिक सफल जीवन को ही सार्थक जीवन माना जाता है। इसके लिए अपने गुरु का आशीर्वाद तथा सत्संग अनिवार्य होता है। हर धर्म का अध्यात्म तथा सत्संग अलग-अलग होता है। कई बार वह विपरीत भी होता है। वह अनिवार्य रूप में व्यक्तिसापेक्ष रहता है। फिर भी ऐसी अनुभूति मिलती है कि बौद्धिक प्रतिवाद

से मनुष्य के मन की इस कथित आध्यात्मिकता का प्रतिवाद करना कठिन रहता है। इसीलिए यहाँ थोड़े समय के लिए अध्यात्म का पारम्परिक तथा सर्वमान्य अर्थ ले लेंगे। इस अर्थ के अनुसार इस विश्व में, विश्व की हर चीज़ में चेतना है। व्यक्ति के जीवन में रहनेवाली आत्मा तथा विश्व को आत्मसात करनेवाला परमात्मा है। व्यक्ति के जीवन में रहनेवाला ब्रह्म तथा विश्व में बसनेवाला परब्रह्म है। व्यक्ति जीवन का यह आत्मतत्त्व और विश्वचेतना के परब्रह्म तत्त्व का एक-दूसरे से मिलना याने 'आनन्दाचे डोही आनन्द तरंग' ब्रह्मानन्द की अवस्था निर्माण होना अपने सच्चिदानन्द रूप की पहचान होना है। याने यह रूप सत्य है, शाश्वत है तथा अखंड आनन्द स्वरूप होने की प्रतीति देखना है। अब इसके सिवाय और क्या चाहिए? लेकिन यह मात्र शब्दजाल है। इसके पार जाकर असली आध्यात्मिक पुरुष को कैसे पहचानेंगे?

उसका आसान लक्षण है। ऐसी व्यक्ति जीवन में संयमी तथा सदाचारी रहती है। उसे ऐसा लगता है कि, भौतिक सुख के पार का जीवन का श्रेयस है और भौतिक सुख से अनंत मात्रा में वह मूल्यवान है। लेकिन वह व्यक्ति इसका ढिंढोरा नहीं पीटता। वह करुणा से मानवोन्मुख कृति करता है। उस व्यक्ति के आन्तरिक, मानसिक विकास की साधना अध्यात्म रहती है। इसी कारण उसके जीवन में आनेवाली शुचिता और पावित्र्य का प्रत्यय अन्य लोगों को आता है। जो आचरण में आता है वही अध्यात्म है बाक़ी सब ख़ाली बकवास या तोते की रट है। व्यवहार में नैतिक दृष्टि से जाग्रत रखनेवाला नाम स्मरण है। बाक़ी सब दिखावा या नाम का गजर है। संक्षेप में, उपर्युक्त कसौटियों पर महाराज की आध्यात्मिकता को जाँचा परखा जा सकता है।

इसके लिए सन्त गाडगेबाबा जितना अच्छा उदाहरण नहीं मिल पाएगा। अँगूठा छाप बाबा ने करोड़ों रुपए इकठ्ठे किए तथा ख़र्च किए। हर पाई का प्रामाणिक हिसाब रखा। पूरे जीवनभर उनके पास अपनी सम्पत्ति के रूप में हाथ की लाठी, शरीर के ऊपर के चिथड़े तथा सिर के ऊपर खपरैल का टुकड़ा। स्वयं पैसे इकठ्ठे कर निर्माण धर्मशाला के एक कमरे में उनके शिष्य द्वारा अपनी पत्नी को रहने की जगह देने की बात समझते ही उन्होंने उसे बाहर निकाला। एक ओर यह वैराग्य और अध्यात्म तथा दूसरी ओर नरेंद्र महाराज की कई लाख की शानदार गाड़ी, निर्मला माता के देश-विदेश में फैले भव्य संगमरमरी प्रासाद, सत्यसाईं बाबा की प्रचंड नोकझोंक, स्वयं का हवाई जहाज का अड्डा। इतना

ही नहीं तो, ज्ञानेश्वरी का सप्ताह मनानेवाले हरी भक्त परायण महाराज भी लाखों रुपयों का रुखसताना लेते हैं और अपनी मुठ्ठी में रखते हैं। संयम, सदाचार, अपरिग्रह, शुचिता, चरित्र को असली आध्यात्मिक कसौटियाँ मानने पर कथित बाबा और गुरु का वस्त्रहरण बहुत जल्दी और बड़ी स्पष्टता से हो सकता है।

गुरुडम के संकट को ध्यान में रखकर उसके ख़िलाफ़ शुरू हुआ संघर्ष बार-बार करना पड़ा तो भी महाराष्ट्र के लिए वह नया नहीं है। 1935 में बुवाशाही के ख़िलाफ़ निर्माण हुए बुवाशाही विध्वंस संघ के सदस्यों को दी जानेवाली प्रतिज्ञा देखते हैं। उस समय महाठी की नामचीन 'किर्लोस्कर' पत्रिका ने इस कार्य को गति दी। सदस्यों के प्रवेशपत्रक का जो नमूना छापा था वह ऐसा था—'हमारे समाज में बुवा और महाराज के पीछे पागल हुए बुवाबाज स्त्री-पुरुषों की संख्या बहुत बड़ी है। ये बुवाबाज तेज़ी से बुवाशाही पैदा करते हैं। इस बुवाशाही से मनुष्य प्रज्ञाहत होता है, आलसी बनकर कोई काम न करते हुए बुवा की कृपादृष्टि से सब कुछ प्राप्त हो इसलिए बुवा के पीछे पागल बनता है। मेरी दृष्टि से बुवाशाही हमारे समाज तथा राष्ट्र की उन्नति में बाधा पैदा करनेवाली है, वह पूर्णतः नष्ट हो, इसलिए मैं संघ का सदस्य बन रहा हूँ।'

मनुष्य तथा पशु को आहार, निद्रा, भय, मैथुन समान रूप से प्राप्त है। पशु की तुलना में मनुष्य के पास जो कुछ अधिक है वह विवेक है। याने भला-बुरा समझने की शक्ति। यह बुद्धि का काम है। गुरुडम में फँसा मनुष्य स्वयं ही अपनी बुद्धि की हत्या कर, मनुष्य और पशु के अन्तर को मिटाता है। आर्य चाणक्य ने मुद्राराक्षस नाटक के एक प्रसंग में लिखा है, 'मेरे मित्र गए, रिश्ते गए, लालची बनकर आए लोग गए, सेना गई, पैसा गया तो भी कोई परवाह नहीं, लेकिन बुद्धि मात्र मुझे कभी दगा न दे।' हमारे देश में धर्म और समाज के क्षेत्र में बहुत सारी बौद्धिक ग़ुलामी थी, आज भी है। ऐसी भावना है कि, जो परम्परा से चला आ रहा है वह अच्छा है। उस बारे में तथा सन्दर्भ में आनेवाली अन्य बातों पर समीक्षा न हो, सुधार तो बहुत दूर की बात। इस समाज के मन पर यह अंकित किया है कि, कुछ बदलाव करना है तो वह ईश्वरीय अवतार ही करें। इसी कारण अपने कर्तत्व से कुछ प्राप्त कर समर्थ तथा समृद्ध बनने की अपेक्षा स्वतंत्र प्रज्ञा को त्याग कर किसी विभूति की शरण में जाने की बुरी आदत समाज को लगी है। गाँव-गाँव में ऐसी विभूति बाबा-बुवा के नाम से मौजूद है। लोग भी अपनी बुद्धि को गिरवी रखकर परिवार, समाज तथा राष्ट्र के बारे में उदास बनकर अपना तन, मन, धन

बाबा के पास गिरवी रख रहे हैं। बाबा और उसके ख़ानदान के बाबा, महाराज, स्वामी जैसे लोगों ने तो बुद्धि की हत्या करने का सिलसिला जारी रखा है। उससे यह समाज कब और कैसे बाहर निकलेगा, यह एक ज्वलंत सामाजिक प्रश्न है। अधिकतर बाबा लोग यही बताते घूमते हैं कि, जग मिथ्या है, माया है, नश्वर है। इससे समाज की जिज्ञासा मर जाती है। निवृत्ति बढ़ती है। शौर्य का जोश बाक़ी नहीं रहता। दैववाद, देववाद के साथ अन्धविश्वास फैलता है। 'ठेविले अनंते तैसेचि राहावे, चित्ती असू द्यावे समाधान' (जैसे रखा है वैसे ही रहें, पर मन में सन्तोष रहे) का दर्शन प्रमाण सिद्ध होता है। अन्याय के प्रति चिढ़, प्रतिकार के प्रति तिलमिलाहट, स्वकर्तत्व से समाज में बदलाव लाने की पौरुषता जैसी समझ को गुरुडम काट तथा खोद निकालता है। बुवा का भक्त बना समाज आलसी बनता है। अपने संसार, समाज, राष्ट्र के प्रति उदासीन बनता है।

कई शतकों की यात्रा से निर्माण यह हुआ है कि अपने देश की सामाजिक मानसिकता पर पिछले दशक में भूमंडलीकरण से उत्पन्न अभूतपूर्व परिस्थिति से एक और कलम तैयार हुआ है। भूमंडलीकरण, निजीकरण और उदारीकरण ये नवपूँजीवाद की ओर से होनेवाले हमले हैं। बेकारी तीव्र गति से बढ़ रही है। आर्थिक असुरक्षा बड़ी मात्रा में निर्माण हुई है। दूसरी ओर मीडिया द्वारा उपभोक्ता संस्कृति का रातिब हर दिन घर में फेंका जा रहा है। चाहे आर्थिक तनाव हो या मौजवाद का भूलभुलैया; दोनों ओर से मन:शान्ति की आवश्यकता बड़ी मात्रा में निर्माण हो रही है। लोगों को स्वाध्याय, सिद्ध साइंस, रेकी, सहजसिद्ध योग, बैठक, कुंडलिनी जागृति आदि रास्तों से, चित्तशान्ति से आर्थिक उन्नति की सैकड़ों बातें प्राप्त कराने का दावा करनेवाले शास्त्री, बापू, श्रीश्री, सद्गुरु, विश्वसन्त प्रभूतियाँ बड़ी मात्रा में और तेज़ी से पनप रही हैं। एक प्रतिपादन ऐसा है कि यह उद्धरण नवपूंजीवादी आक्रमण के लिए अनुकूल वातावरण तैयार करने के लिए खड़ा किया गया है। दूसरा प्रतिपादन यह है कि, मध्यवर्ग ने आधुनिकता के नाम पर पाश्चात्य जीवनशैली को अपनाया, लेकिन उसी समय अपनी जड़ को बनाए रखने की कोशिश भी जारी रखी। इससे गुरुडम बढ़ता है। इससे भक्ति भावना का बाज़ार खड़ा हुआ और धार्मिक उत्सव से लेकर सभी स्तर के बाबा, बुवा, महाराज की भारी फसल बाज़ार में पैदा हुई। प्रश्न केवल बुवा, बाबा, शास्त्री, स्वामी महाराज द्वारा फैलाए गए अन्धविश्वास का नहीं है। यहाँ उसकी प्रदीर्घ परम्परा पहले से ही मौजूद है। ऐसी अन्धी तथा मूर्खतापूर्ण

वैचारिक प्रस्तुति करनेवाले गुरु महाराज को मिलनेवाला आश्चर्यकारक प्रतिसाद चिंता का विषय है। जनसामान्य की द्वंद्वग्रस्त मानसिकता और गुरु को मिलनेवाले मजबूत राजाश्रय से इसका समाज में बोलबाला हुआ है।

विश्व ने फैसिज्म का विध्वंसक रूप देखा है। व्यवस्था परिवर्तन के बारे में नहीं बोलना, काल्पनिक शत्रु को खड़ा करना, मुक्ति का बहुत ही आसान दर्शन बताना, एक ही नेता के शब्द पर चलनेवाले संगठन का निर्माण करना, हिंसा का समर्थन करना, साधन साध्य की पवित्रता को बाधित करना, कुछ काल्पनिक सपनों की भूलभुलैया तैयार कर लोगों की बुद्धि को अपाहिज बनाना, ये फैसिज्म की विशेषताएँ है। इसे जर्मनी के नाजी के अध्ययन से सहजता से समझा जा सकता है। बाबा लोग इस देश में जो कर रहे हैं उसे 'फ्रेंडली फैसिज्म' कह सकते हैं।

कोई भी बाबा-बुवा समाज व्यवस्था में परिवर्तन लाने के बारे में चूँ तक नहीं निकालता। स्वयं की शरण में आने का फर्मान निकालकर उसमें ही मुक्ति मिलने को पुकारा करता है। बाबा का शब्द उसके साम्राज्य का संविधान होता है साथ ही वेदवाक्य भी। फिर वे सत्यसाईं बाबा हों या पांडुरंगशास्त्री आठवले, रजनीश हों या नाना धर्माधिकारी; अधिकतर अपनी कार्यपद्धति गुप्त रूप से चलाते हैं। वहाँ नैतिकता का कोई सम्बन्ध नहीं रहता। बाबा का शब्द ही ब्रह्मवाक्य है, नैतिकता है। विरोध में आवाज़ उठानेवाले को धमकाने से ठोंकने तक के सारे रास्ते अपनाए जाते हैं। स्वयं के चरणों में लीन होनेवालों के कल्याण का आश्वासन दिया जाता है। इसके लिए एक ही शर्त रखी जाती है—बुद्धि का प्रयोग न करें। इस देश को रहा फैसिज्म का धोखा गुजरात दंगों के बाद तो अधिक स्पष्ट हुआ है। इस फैसिज्म के अनुकूल रहनेवाली संरचना का निर्माण गुरुडम के पंथ, उपपंथ करते रहते हैं।

गुरुडम से अपने आप को तथा समाज को दूर रखने के लिए ऐसा संकल्प करना चाहिए कि, मैं स्वयं पर का विश्वास नहीं खोऊँगा। स्वयं की मर्यादा में मनुष्यत्व के आधार पर ईमानदारी तथा धैर्य से जीवनयापन करने में मनुष्य की प्रतिष्ठा है। स्वयं के प्रश्न कौन से हैं और उन्हें कैसे हल करना है, वे कहाँ तक सम्भव हैं, हमें इसका एहसास वैज्ञानिक दृष्टिकोण और विवेकवाद के प्रयोग से मिलता है। सर्वमान्य नीति संकेतों के पालन करने से आचरण में दृढ़ता आती है। स्वयं गुरुडम से दूर रहना तथा अन्यों को इस मानसिक ग़ुलामी से दूर रखने में ही जीवन की सार्थकता है। जो गुरु, बाबा, स्वामी, महाराज भक्तों के सारे प्रश्नों के

सारे उत्तर जीवनभर देने की ज़िम्मेदारी उठाता है, वह बाबा उस भक्त को गहरे कीचड़ में फँसाता है। उसे पराधीन बनाता है। असली गुरु भक्त को अपने पैरों पर खड़ा कर जीवन संघर्ष के घमासान में लड़ने की हिम्मत तथा शक्ति देता है। उसे सजग, समर्थ तथा चतुर बनाता है। हर एक के पास स्वयं की विवेकबुद्धि के रूप में ऐसा एकाध गुरु तो रहता ही है। हमें उससे निर्भयता तथा कृतिशीलता से अनुकूलता या प्रतिकूलता का अन्दाज़ा लगाना सीखना चाहिए।

एक अनंत यात्रा

'शब्द' पत्रिका के सम्पादक ने दीवाली विशेषांक में 'पीछे देखते हुए' कॉलम के लेखन हेतु मुझे पत्र भेजा। इस पत्र का 'इस विभाग में लेखन के लिए असाधारण और प्रसिद्ध लोगों को ही आमंत्रित किया है' यह वाक्य स्वाभाविक रूप से कुछ मात्रा में मेरे अहम् को सन्तुष्ट करनेवाला था लेकिन 'मैं किसलिए परिचित हूँ' इसे ध्यान में रखकर ही इस लेखन की ज़िम्मेदारी मुझे दी गई होगी। मुझे इसका उत्तर महाराष्ट्र में बार-बार मिलता है। यह सच है कि पिछले 20 सालों से मैं अन्धविश्वास उन्मूलन का कार्य करता हूँ, साथ ही 10 सालों से साने गुरुजी द्वारा शुरू किए 'साधना' साप्ताहिक का सम्पादक भी हूँ। यह साप्ताहिक सभी दृष्टियों से उन्नति कर रहा है। इसके बावजूद महाराष्ट्र में 100 नए लोगों से परिचित होने पर भी उनमें से 95 लोगों के मन में 'दाभोलकर और अन्धविश्वास उन्मूलन' यही ठोस पहचान बनी है। उनमें से अधिकतर लोग 'साधना' की जानकारी नहीं रखते। इसी कारण मेरा 'साधना' का सम्पादक होना, उनकी दृष्टि में अर्थहीन है। वास्तव में मैंने कई क्षेत्रों को आज़माकर यहाँ तक की यात्रा पूरी की है। उसमें कम-अधिक मात्रा में मुझे सफलता भी मिली है। उदाहरणार्थ, मैं कबड्डी का राष्ट्रीय तथा अन्तरराष्ट्रीय खिलाड़ी था। कबड्डी खेल का मराठी में शास्त्रीय विश्लेषण करनेवाली अकेली किताब मेरे नाम पर दर्ज है। महाराष्ट्र शासन द्वारा क्रीड़ा क्षेत्र में दिया जानेवाला सर्वोच्च शिवछत्रपति पुरस्कार, कबड्डी खेल के लिए मुझे दो बार मिला है। क्रीड़ा संगठक, स्तंभ लेखक, समालोचक जैसी कई भूमिकाओं में मैंने 20 साल तक मैदान पर मनचाहा मज़ा लिया है। अन्धविश्वास उन्मूलन के साथ ही मैंने व्यवसनमुक्ति से सम्बन्धित एक बड़ी संस्था शुरू की। यह काम भी सुचारु रूप से चल रहा है। लेकिन मेरी कल्पना

है कि, इनमें से किसी भी काम के लिए मुझे 'पीछे मुड़कर देखने के लिए' नहीं कहा गया। ऐसी मेरी धारणा है। ऐसा क्यों हुआ? इस बारे में अन्दाज़ा लगाया जा सकता है। विश्वास-अन्धविश्वास के बारे में सभी आयु तथा स्तर, स्त्री-पुरुष, शिक्षित-अशिक्षित, अमीर-ग़रीबों में एक सनातन कुतूहल नज़र आता है। उनके इस कुतूहल को किसी न किसी रूप में स्पर्श करनेवाले आन्दोलन के रूप में हर एक के मन से अन्धविश्वास उन्मूलन का आन्दोलन जुड़ गया होगा। जागीरदारी मनोवृत्ति के कारण हमारे देश में संगठन से कई गुना अधिक व्यक्ति को महत्त्व मिलता है। इसी कारण अन्धविश्वास उन्मूलन और नरेंद्र दाभोलकर ऐसा एक समीकरण तैयार होकर सम्भवतया इसी कारण से ही इस कॉलम के लिए मेरा आलेख माँगने की कल्पना का जन्म हुआ होगा।

'धारणा और निरन्तरता' ये दो बातें हम जैसों के जीवन में नज़र आती हैं और इसीलिए वे 'भीड़ के न होकर व्यक्ति है' ऐसा तर्क सम्पादक ने व्यक्त किया है। इसके भी आगे जाकर 'धारणा' याने केवल बौद्धिक स्पष्टता नहीं है, जो दिमाग़ के साथ हृदय में हलचल मचाती है और कृति के लिए नैतिक आग्रह निर्माण करती है, ऐसा स्पष्टीकरण दिया है।

मुझे स्पष्टता से स्वीकृति देनी होगी कि, मेरे साथ ऐसा कुछ भी नहीं हुआ। मैंने एम.बी.बी.एस. कर अपना व्यवसाय शुरू किया। इसके साथ 'समाजवादी युवक दल' नाम से सामाजिक कार्य भी शुरू किया। हम कुछ दोस्तों ने मिलकर इस संगठन की शुरुआत की थी। 70 से 80 के दशक में महाराष्ट्र में ऐसे कई 'कुकुरमुत्तों' का जन्म हुआ। उन्हें 'ऐक्शन ग्रुप्स' कहा जाता है। निर्माण होना, कुछ काल तक बने रहना और अन्त होना, यही यात्रा सभी के नसीब में थी। इसी कारण 1971 में शुरू हुआ 'समाजवादी युवक दल' 82 में ही धाराशायी हो गया। उसे प्यारा सा नाम देने हेतु हम 'समता आन्दोलन' संगठन में शामिल हुए। वहाँ की हमारी उछल-कूद दो सालों में ही थम गई। ऐसे में अन्धविश्वास उन्मूलन के कार्य का उदय हुआ, जिसका कारण बी. प्रेमानन्द जी की महाराष्ट्रव्यापी विज्ञान यात्रा थी। उसमें अलग-अलग दल थे, जिनमें एक दल बी. प्रेमानन्द जी का था। आज बुवाबाजी के जो चमत्कार हमने गाँव-गाँव पहुँचाए हैं, महाराष्ट्र में पहली बार उस यात्रा में दिखाए गए। इसे देखने के लिए मेले जैसी ही भारी

भीड़ इकट्ठा हुई। मुझे लगा कि, इस काम का महाराष्ट्र में रुझान होगा तथा वह उपयुक्त भी रहेगा। लेकिन मुझे यह कार्य करना है, इसकी कल्पना न थी। विज्ञान यात्रा संयोजन समिति में राष्ट्र सेवा दल प्रमुख संगठन था। उनके प्रमुख से इस काम को अग्रक्रम से आगे ले जाने की विनती की। उन्हें यह कार्य इतना महत्त्वपूर्ण नहीं लगा। वैसे मैं ख़ाली था। व्यवसाय बन्द था। असल में मैं व्यापक परिवर्तन के आन्दोलन में एक कार्यकर्ता था। मेरा संगठन निष्क्रिय हो चुका था। कोई न कोई ऐसे लोगों की ताक में रहता है और उन्हें काम पर लगाता है। मुझे ऐसा कोई मिला नहीं और न ही किसी ने मुझे बुलाया। इसी कारण हाथ में आया हुआ काम और ख़ाली समय, इस धारणा से मैंने यह काम शुरू किया। कई लोगों को लगता है कि, एकाध प्रसंग की प्रेरणा या आघात से मैं इस अलग राह पर खिंचा गया। लेकिन ऐसा कुछ हुआ नहीं। अपितु, कार्यकर्ता के रूप में मुझे पहचाननेवाले मेरे दोस्तों को मेरी यह राह पसन्द नहीं थी। आज भी उतना उचित नहीं लगता। उनके ही शब्दों में बताना हो तो 'जादू के प्रयोग दिखाते' हुए जीवन बरबाद करना केवल समय की बरबादी ही थी। लेकिन 'निरन्तरता' की जो बात सम्पादक ने बताई, वह मात्र मुझ पर लागू होती है। फिर भी मेरी निरन्तरता इस कार्य के आकर्षण से नहीं आई है। बिल्कुल बचपन से ही मुझमें वह वृत्ति रही होगी। पाठशाला में मैं क्रीड़ा मंडल का खिलाड़ी था। एकाध धार्मिक विधि के समान हर शाम, साल के सभी यानी 365 दिन मैं मंडल में जाता। खेलने से पूर्व मैदान पर पानी मारना, तथा अन्य कई काम मैं ख़ुशी से करता। इस दरम्यान मैं शाम के समय एक बार भी सतारा के रास्तों पर घूमने नहीं गया। शाम 6 बजे के सिनेमा की बात तो दूर ही रही। मैं 'साधना' का सम्पादक बना उस समय अंनिस आन्दोलन का दायरा व्यापक बना था। इसी कारण 'साधना' की ज़िम्मेदारी मेरे ऊपर सौपनेवालों के मन में आशंका बनी हुई थी। मंगलवार के दिन अंक छपाई के लिए तैयार होना, बुधवार के दिन उसकी बाइंडिंग कर गुरुवार दोपहर 12 बजे डाकघर में भेजने जैसे कार्य साप्ताहिक के लिए आवश्यक होते हैं। इस क्रम को बाधित करना याने अनेक कठिनाइयों को आमंत्रण देना ही है। मेरी महाराष्ट्र यात्रा की भागदौड़ में यह कैसे सम्भव होगा, इस बारे में लोग आशंकित थे। उसे अब 10 साल पूरे होंगे। इस अवधि में 'साधना' के 500 अंक प्रकाशित हुए और एक बार भी मैंने इस क्रम को बाधित नहीं किया।

सम्पादक की अपेक्षा है कि लेखन के हेतु 'पीछे मुड़कर देखें' और उसमें

सावधानी के साथ व्याकुलता, अभिमान, गतानुरंजन की अभिलाषा पर भी धाष्य हो। मन में सूक्ष्म अभिमान तो है ही लेकिन व्याकुलता नहीं; गतानुरंजन तो बिल्कुल भी नहीं क्योंकि यह मेरा स्वभाव नहीं। वैसे मुझे कई पुरस्कार मिले हैं, उनमें से कुछ तो बेशक़ीमती हैं। उदाहरणार्थ, पिछले साल अमरीका के महाराष्ट्र फाउंडेशन द्वारा दिया जानेवाला 10 लाख रुपए का 'दशक का सर्वोत्तम कार्यकर्ता' यह पुरस्कार मुझे मिला। इस पुरस्कार के साथ एक भी पुरस्कार का कोई भी मानचिह्न मेरे घर में नहीं है। पिछली यादों में रमण होनेवाला मन मेरे पास नहीं है। लेकिन सावधानता मात्र मिली है। इसे ही अनुशासन कह सकते हैं। कभी भी 'आर या पार' की पद्धति से ना ही मैदान पर खेला हूँ और न ही समाजनीति में जीवनयापन किया है। इसी कारण आसपास की परिस्थिति या व्यवस्था से सम्बन्धित अन्दाज़ ग़लत साबित हुए, पूर्वधारणा मात्र भ्रम साबित हुई ऐसा मेरे बारे में कभी नहीं घटित हुआ। इस पूरी यात्रा में परिस्थिति या लोगों ने मेरा साथ नहीं दिया, ऐसा नहीं हुआ। शायद ऐसा भी रहा होगा कि मैं बहुत बड़ी चाल नहीं चलता। सब कुछ दाँव पर नहीं लगाता होऊँगा। इसी कारण सब कुछ बरबाद होने का डर मुझे सताता नहीं। लेकिन इस धमाकेदार शैली पर मेरा इस अर्थ में विश्वास नहीं क्योंकि इस पद्धति से काम करने का मेरा स्वभाव नहीं। दृढ़ता या लगन से की गई दीर्घकालीन यात्रा और साध्य तक पहुँचने के लिए अपनाए गए माध्यम ही मेरी कार्यपद्धति के स्वरूप हैं।

बेइज़्ज़ती से मन पर आघात हुआ, ऐसा एक भी प्रसंग मुझे याद नहीं। कोई मेरी बेइज़्ज़ती कर सकता है, इस पर मेरा विश्वास नहीं। सामनेवाले के बर्ताव से मैं कभी नाराज़, दुखी या उदास रहा होऊँगा, लेकिन मेरी बेइज़्ज़ती नहीं हुई। धमकी से भी मैं कभी विचलित नहीं हुआ। नरेंद्र महाराज ने प्रकट भाषण में 'दाभोलकर के हाथ-पैर तोड़ दो' कहकर उकसाया है। 'दाभोलकर क्रिश्चन धर्म के लोगों से पैसे लेकर हिन्दू धर्म को कलंकित करने का काम करते हैं' जैसे बेबुनियाद आरोप कई बार लगाए हैं। शिवसेना-भाजपा विधायकों ने विधानसभा के प्रांगण में धरना देकर महाराष्ट्र अंनिस पर रोक लगाने तथा दाभोलकर को महाराष्ट्र से निर्वासित कर देने की माँग की। समाचार-पत्रों ने मुझसे प्रतिक्रिया पूछी, जो इतनी ही थी—'उनके परेमश्वर! उन्हें माफ़ कर। क्योंकि वे क्या बोल रहे हैं, उसे समझ नहीं रहे हैं।' अन्धविश्वास उन्मूलन सम्बन्धी क़ानून के हेतु मैं दस दिन तक लातूर में अनशन पर बैठा। सम्भावनीय बात असम्भावनीय

बनी। लोगों के सामने प्रश्न था कि अब अनशन कैसे टूटेगा, किसके हाथों से टूटेगा और उस समय बड़े ठाठ में कैसा भाषण देंगे? मुझे इसमें से किसी की भी आवश्यकता महसूस नहीं हुई। अनशन मैंने शुरू किया था, मैंने ही उसे रोक दिया। बस, इतना ही। क़ानून पारित होने में बेवजह सोलह साल लगे। मैं उदास क्यों नहीं होता, ऐसा प्रश्न महाराष्ट्र में कई जगहों पर मुझे पूछा जाता है। क़ानून न बनने का दुख तो है ही, लेकिन क़ानून बनने पर भी उसकी मर्यादाओं का एहसास भी है। इसलिए किसी भी घटना से दुखी होना, उसके प्रतिवाद के हेतु जीतने का लालच मन में निर्माण होना ऐसा मेरे बारे में घटित नहीं हुआ। मेरी प्रकृति उस प्रकार की नहीं है। मुझे इस बात का एहसास है कि, मैं जिस कार्यक्षेत्र में कार्यरत हूँ, वहाँ काम का विचार दशकों नहीं बल्कि शतियों के कालखंड में करना होगा।

मेरी प्रामाणिक भावना है कि, मुझे बेइज़्ज़ती कम और सम्मान क्षमता से भी अधिक मिले हैं। मैं जानता हूँ कि, असावधानी से लिया गया फ़ैसला भारी भूल साबित हो सकता है, और उसका सदमा भारी हो सकता है। विशेषकर मैं जिस क्षेत्र में कार्यरत हूँ, वह बड़ा ही संवेदनशील है। ऐसी भारी भूल अब तक नहीं हुई है। लेकिन मेरे क्षेत्र की संवेदनशीलता और विरोधियों के षड्यंत्र से ऐसा घटित होने की सम्भावना से इनकार नहीं किया जा सकता। एक उदाहरण बताता हूँ—एक संवाददाता ने मुझसे पूछा, "शनिशिंगणापुर के घरों में दरवाज़े नहीं हैं फिर भी वहाँ चोरियाँ नहीं होतीं, क्या यह चमत्कार नहीं है? चमत्कार न माननेवाली आपकी समिति की राय क्या है?" मेरा उत्तर था, "चोरी करने की ज़िम्मेदारी हमारी, हमें सज़ा देने की ज़िम्मेदारी भगवान की। पुलिस और ग्रामस्थ दख़लअन्दाज़ी न दें।" असल में मज़ाकिया अन्दाज़ में व्यक्तिगत स्तर पर दिया गया यह उत्तर था। लेकिन वार्ताहर ने मात्र मसालेदार शीर्षक देकर ख़बर छाप दी। ख़बर का शीर्षक था...दाभोलकर ने कहा, 'चलो शनिशिंगणापुर चोरी करने' ऐसा आन्दोलन हम चलानेवाले हैं। इससे नगर ज़िले में प्रक्षोभ निर्माण हुआ और हमें उसे सहन करना पड़ा।

मेरी उम्र 62 साल की है, लेकिन आज तक मुझे कभी भी थकान नहीं महसूस हुई और न ही निराशा; ऐसा प्रतीत हो ऐसी आन्दोलन की सदाबहार स्थिति नहीं है। अन्यत्र दिखाई देनेवाले उतार-चढ़ाव, राग-लोभ, मेरे और संगठन के हिस्से भी आए हैं। लेकिन स्वयं की धारणा की छाया पैरों के नीचे आए,

ऐसी सम्पादक द्वारा लिखी गई थकान मुझे कभी महसूस ही नहीं हुई। संक्षेप में, भ्रम और उसका निरसन मेरे जीवन में घटित नहीं हुआ। बेइज़्ज़ती, भारी भूल, थकान या संभ्रम जैसी बातें मेरे हिस्से नहीं आई, इसके विपरीत सम्मान और मान्यता ही मिली है, ऐसी मेरी धारणा है।

सम्पादक का प्रश्न है कि, थकान के समय हम किसे याद करते हैं, जिससे थके-हारे पैरों को आगे चलने का बल मिलता है? मैंने स्पष्ट किया है कि प्रश्न थकान का नहीं है, लेकिन स्वयं की मर्यादाएँ दिन-ब-दिन अनुभव होती हैं। कार्य से एकनिष्ठ रहकर अधिक व्यापक बनने का मार्ग दिखाई नहीं देता। कोई दिखाएगा ऐसा नहीं लगता। इस सम्बन्ध में गांधी जी मात्र अपवाद रहे हैं। उन्होंने मुझे संकेत दिए हैं। इससे सम्बन्धित मेरा अभ्यास न के बराबर है। फिर भी मुझे लगता है कि गांधी जी के विचार और कार्य मुझे मेरा चक्रव्यूह तोड़ने में मदद कर सकेंगे। हमेशा यह भी महसूस होता रहता है कि दिखने में बिल्कुल सरल लगनेवाला यह बूढ़ा समझने में बहुत कठिन है, उसकी राह पर चलना तो महाकठिन है। अब तक का सारा संचित छोड़कर उसके रास्ते पर चलने की हिम्मत मुझमें स्थित नरम दिल का आदमी नहीं दिखा सकता। फिर भी इस पड़ाव पर पीछे मुड़कर देखें, इस आग्रह के हेतु यह लेखन-विस्तार। इससे विषय को कितना न्याय दे पाया हूँ, यह पाठक ही तय कर पाएँगे।

अन्धविश्वास उन्मूलन का विचार महाराष्ट्र में नया नहीं है। इस विचार के पीछे महाराष्ट्र के समाजसुधारकों का मजबूत समर्थन है। लेकिन स्वातंत्र्योत्तर महाराष्ट्र में इस विचार की जागृति रुक सी गई। 'किर्लोस्कर' पत्रिका ने 1935-1945 के बीच गुरुडम जैसी घटनाएँ और देव-धर्म जैसी कल्पनाओं से सम्बन्धित बड़ी प्रभावी मुहिम चलाई थी। डॉ. बाबासाहब आंबेडकर हमेशा हिन्दू धर्म को जाँच रहे थे। सन्त गाडगेबाबा लाखों जनसमूह से विचार परिवर्तन का जो संवाद करते थे, उसमें अन्धविश्वास उन्मूलन महत्त्वपूर्ण विषय था। 1956 के आसपास यह सब रुक गया। दूसरी ओर जनमानस को लगता था कि आज़ादी से प्राप्त शिक्षा, विज्ञान का प्रसार, और आधुनिकता से अन्धविश्वास का उन्मूलन अपने आप होगा। लेकिन धीरे-धीरे इसके विपरीत दिशा ज़ोर पकड़ रही थी। सत्तर से अस्सी के दशक में मराठी के 'श्री' साप्ताहिक की बिक्री लाखों तक पहुँची थी। उसमें भूत के असली (!) फोटो, और रोज़ थोड़ा-थोड़ा सोना देनेवाले चिंतामणि जैसी अनेक बातें मिर्च-मसाला लगाकर छापते और वे चर्चा का विषय बनतीं। ऐसे

वातावरण में केरल के विख्यात बुद्धिप्रामाण्यवादी बी-प्रेमानन्द जी का महाराष्ट्र में दौरा हुआ। उन्होंने अपनी जिह्वा से त्रिशूल आर-पार किया। मंत्र से अग्नि जलाना, मटके में भूत को क़ैद करना, ख़ाली हाथ से सोने की साँकल निकालना आदि चमत्कार कर दिखाए। जनमानस में चमत्कार देखने का आकर्षण आज भी बरकरार है। यहाँ एक बात पर ग़ौर करना आवश्यक है कि, चमत्कार की प्रस्तुति जादू का प्रयोग नहीं है। जादूगर साधन-सामग्री के साथ अपने प्रयोग करता है।

कोई भी बाबा ऐसा नहीं करता। वे भक्तों के घर से अबीर और हलदी लेकर उसका कुंकुम बनाते हैं। जादूगर कला का आविष्कार करता है। महाराज दैवी शक्ति से साक्षात्कार कराते हैं। चमत्कार का आकर्षण संगठन के गठन में अनुकूलता पैदा करता है। लेकिन अन्धविश्वास उन्मूलन का सम्बन्ध केवल चमत्कार तक न रखने की सावधानी हमने पहले से ली है। चमत्कारों की प्रस्तुति समिति की ताक़त थी और है, फिर भी अन्धविश्वास के सभी प्रकार समिति ने अभ्यास तथा कार्य के विषय बनाए हैं। वस्तु एकाएक अपनी जगह से ग़ायब होना, कपड़े अपने आप जलना या फटना, शरीर पर भिलावाँ के निशान दिखाई देना जैसे भानमती के प्रकार कैसे घटित होते हैं, इसका शास्त्रीय विवेचन समिति ने किया है। स्त्री के शरीर में देवी का संचार कैसे होता है, भूतबाधा क्या है आदि की मानसशास्त्रीय विवेचन किया है। फलज्योतिष विज्ञान की कसौटियों पर शास्त्र के रूप में कैसे टिक नहीं पाता, इसे सप्रमाण प्रस्तुत किया। गुरुडम के विविध प्रकार और उसके पीछे की समाजशास्त्रीय चिकित्सा खोलकर दिखाई। इस स्वरूप के सभी प्रकारों से सम्बन्धित जो अपार कुतूहल लोगों में रहता है, उससे आन्दोलन जनसामान्य तक पहुँच सका। लेकिन समिति का वैचारिक कार्य इसके कई आगे समझदारी के साथ चलता रहा है। समिति ने विश्वास और अन्धविश्वास की चिकित्सा जनसामान्य में हमेशा करने का काम कर ख़तरा मोल लिया है। एक का विश्वास दूसरे के लिए अन्धविश्वास है और तीसरे को जो बात विशुद्ध अन्धविश्वास लगती है, चौथे के लिए वह जीवन-मृत्यु का विश्वास है। इस बारे में समाज में हमेशा चर्चा बनाए रखना आसान नहीं होता।

समिति के कार्य में यह वैचारिक पहुँच सम्भव बनी है। विश्वास का सम्बन्ध अनिवार्यता और अधिकता से पहले धर्मविश्वास से रहता है। इसलिए इस आभास का निर्माण किया जाता है कि, अन्धविश्वास उन्मूलन ही धर्मविश्वास उन्मूलन है और यह ईश्वर तथा धर्मविरोधी है। ईश्वर-धर्म की चिकित्सा हुई तो धर्म का

सहारा रही नीति धराशायी होगी और बिना नीति के समाज खड़ा नहीं हो पाएगा। इसी कारण 'अन्धविश्वास उन्मूलन का काम नीति उन्मूलन का काम है, इसलिए उससे सावधान!' जैसा प्रचार हमारे विरोध में किया गया। यह सब हजम कर हम खड़े रह सके। संविधान ने वैज्ञानिक दृष्टिकोण को नागरिकों का कर्तव्य माना है। यह शिक्षा का महत्त्वपूर्ण मूल्य है। लेकिन वैज्ञानिक दृष्टिकोण के बारे में केवल जनसामान्य ही नहीं बल्कि शिक्षा क्षेत्र में भी स्पष्टता नज़र नहीं आती। वैज्ञानिक दृष्टिकोण का जनसामान्य की भाषा में प्रसार करना समिति के प्रबोधन कार्य की विशेषता है। अन्धविश्वास के विविध रूप, उसके पीछे की मानसिकता, विश्वास-अन्धविश्वास, ईश्वर-धर्म-नीति की समीक्षा, इतना ही काम यदि अंनिस करता तो भी काफ़ी था। लेकिन आगे जाकर इस कार्य का सुसंगत विचार विवेकवाद, धर्मनिरपेक्षता, जाति उन्मूलन, सामाजिक न्याय की ओर बढ़ता है। कुछ मात्रा में यह यात्रा भी समिति ने की है। संक्षेप में, चमत्कार के आकर्षण से शुरू हुई यह प्रस्तुति व्यापक समाजपरिवर्तन के सभी पहलुओं से जुड़ गई है। इस तरह का कार्य करनेवाले भारत के किसी भी संगठन का ऐसा कालोचित विकास मेरी जानकारी में नहीं है।

कार्य का असली सामर्थ्य केवल वैचारिक प्रस्तुति में न होकर, उसके लिए समिति जो व्यापक उपक्रमशील आन्दोलन खड़ा कर सकी, उसमें है। आगे दर्ज किए गए उपक्रम खुलकर पूरे संगठन के ही हैं, जिसमें मेरा सहभाग निरन्तर और सजगता से रहा है। भानमती के प्रकार लोगों में गूढ़ जिज्ञासा और डर पैदा करते हैं। इन प्रकारों को कैसे खोज निकालें और रोकें, इसकी एक पद्धति समिति ने विकसित की है। आज तक 250 से अधिक भानमती के प्रकार समिति ने सफलतापूर्वक बन्द किए हैं। समिति शब्दशः एक भी मामले में असफल नहीं रही। समिति ने गुरुडम के ख़िलाफ़ सैंकड़ों बार संघर्ष किया है। अपनी जान दाँव पर लगाकर गुरुडम के प्रकार बन्द किए हैं। आज भी आदिवासी बहुल ज़िलों में डाकीण कुरीति का खौफ़ है। अन्धविश्वास के कारण सारा गाँव मानता है कि, गाँव में घटित दुखद घटनाएँ कथित डाकिन ने अपने प्रभाव तथा दुष्ट प्रवृत्ति से पैदा की हैं। उस डाकिन स्त्री को गाँव छोड़कर जीविका की खोज में दरदर भीख माँगनी पड़ती है और कभी-कभी जान भी गँवानी पड़ती है।

तीन साल पूर्व नन्दूरबार ज़िले में इस कुरीति के विरोध में हमने आन्दोलन शुरू किया। उस समय आदिवासी इलाके के जनआन्दोलन, स्वयंसेवी संस्थाओं

और प्रशासन का इस बात पर एक मत था कि—आदिवासी डाकिन कुरीति में इतना गहरा दृढ़ विश्वास रखते हैं कि, इस पर काम करना मतलब उनका जबरदस्त रोष मोल लेना होगा। इसके बावजूद डाकिन कुरीति के ख़िलाफ़ समिति ने संघर्ष शुरू किया और आज वह इस पड़ाव पर पहुँचा है कि, महाराष्ट्र के अन्य दस आदिवासी ज़िलों में उसकी शुरुआत कर सकते हैं। चमत्कार सिद्ध करने सम्बन्धी समिति का आह्वान शुरुआत में एक लाख रुपए का था। यह रक़म बढ़ते-बढ़ते दो लाख, पाँच लाख, ग्यारह लाख हुई। पिछले साल मुझे अमरीका में दस लाख रुपए का पुरस्कार मिला। उसकी सारी राशि आह्वान राशि को बढ़ाने के लिए समिति को दे दी। राशि बढ़कर इक्कीस लाख हुई। प्रत्यक्ष संघर्ष के साथ लोगों के मन में ऐसे संघर्ष निर्माण करने के हेतु समिति द्वारा कई अभियान शुरू किए गए जिनमें मैं पूर्णकाल सक्रिय था। 'खोज भूत की बोध मन का' अभियान कोंकण में शुरू किया। चार दलों द्वारा 167 कार्यक्रम कर तीन लाख लोगों तक हम पहुँच गए। 'चमत्कार करें—यात्रा रोके—11 लाख की राशि पाएँ' का आह्वान कर 'चमत्कार सत्यशोधन यात्रा' पूरे महाराष्ट्र में दो बार घुमाई। गोवा, बेलगांम और कोंकण में सर्प यात्रा का आयोजन किया। सर्पदंश पर प्रथमोपचार सिखाकर सर्पविषयक अन्धविश्वास दूर किए गए। मराठवाडा की भानमती के प्रकार एक अलग ही अध्याय है। स्त्रियाँ भूत सवार होने पर घूमती हैं, चिल्लाती हैं तथा गिड़गिड़ाती हैं। कभी-कभी कुत्ते के भौंकने की आवाज़ निकालती हैं। यह प्रकार समूह में घटित होने से गाँव में अन्धविश्वास से ज़बरदस्त तनाव निर्माण होता है। मई महीने की कड़ी धूप में आठ दलों के साथ हमने लगभग 220 कार्यक्रमों द्वारा मराठवाडा में बिना रुके काम किया। मराठवाडा में भानमती के प्रकार आज भी बन्द नहीं हुए लेकिन निश्चित ही उनकी मात्रा कम हुई है।

'वैज्ञानिक समझ परियोजना' यह अध्यापकों को अन्धविश्वास उन्मूलन का विचार देनेवाला एक निराला उपक्रम है। शिविर में अध्यापकों को एक पाठ्यक्रम पढ़ाया जाता है और अध्यापक वह छात्रों को पढ़ाते हैं। छात्रों की परीक्षा ली जाती है। पिछले पंद्रह सालों में दस हज़ार से अधिक अध्यापकों ने प्रशिक्षा ली है और ढाई से तीन लाख छात्रों ने परीक्षा दी है। इसके साथ ही 'विज्ञान बोध वाहिनी' नाम से एक सुसज्जित वाहन तैयार किया गया है। शाला-पाठशालाओं में जब वह जाता है तो मानो विज्ञान महोत्सव ही मनाया जाता है। आदिवासी

आश्रमशाला के साथ अन्य पाठशालाओं में भी यह उपक्रम अत्यंत सफल रहा है।

समिति द्वारा अलग-अलग समस्याओं पर महाराष्ट्र के विविध प्रदेशों में परिषदों का आयोजन किया गया है। लातूर में 'वैज्ञानिक समझ कृति परिषद' सम्पन्न हुई। सतारा में 'अन्ध रूढ़ियों की बेड़ियाँ तोड़ो' परिषद हुई। सोलापुर की परिषद में महिलाओं का अन्धविश्वास उन्मूलन का घोषणापत्र प्रसिद्ध किया गया। बारामती में वैज्ञानिक समझ और धर्मनिरपेक्षता से सम्बन्धित शिक्षा क्षेत्र की सनद तैयार की गई। दो प्रमुख माँगों के लिए विवेक जागृति परिषद के बहाने महाराष्ट्र में दो लाख हस्ताक्षर इकठ्ठे किए गए। उनमें से एक माँग थी, शासन व्यसनवर्धक नीति को छोड़कर व्यसनविरोधी समग्र नीति अपनाए। दूसरी माँग थी—एचआईवी बाधित न होने की जाँच विवाह के पूर्व सख़्ती से करें। ये हस्ताक्षर मैंने और चंद्रशेखर धर्माधिकारी ने तत्कालीन मुख्यमंत्री सुशीलकुमार शिंदे को पेश किए (हमेशा की तरह उस पर कोई भी कार्यवाही नहीं हुई)। प्रबोधन के कार्यक्रम बड़ी मात्रा में प्रस्तुत करनेवाला महाराष्ट्र अंनिस शायद एकमात्र संगठन रहा होगा। समिति की एक सौ अस्सी शाखाएँ हैं। अंनिस के प्रबोधनपरक कार्यक्रमों के मनोरंजन का बन्दनवार होने से उनकी अच्छी माँग रहती है। इसी कारण हर शाखा सालभर में 10-12 कार्यक्रम भी करती है तो पूरे महाराष्ट्र में एक साल में लगभग 2000 कार्यक्रम होते हैं।

अंनिस की वैचारिक प्रस्तुति में विषय और के ज्ञान, और तर्कशुद्ध दलीलों की ज़रूरत होती है। साथ ही प्रस्तुति की आकर्षक शैली और प्रामाणिक लगन लोगों तक पहुँचने पर अच्छे नतीजे प्राप्त होते हैं। मुझे इसके लाभ मिले हैं। पिछले बीस सालों में मैंने हज़ारों व्याख्यान दिए हैं जो प्रभावी रहे हैं। कई जगहों पर भाषण ख़त्म होने पर प्रश्नोत्तर का कार्यक्रम होता है। वह जिज्ञासापूर्ति की अपेक्षा दाभोलकर की मस्ती दबाने के लिए होता है। इस जाल में मैं आज तक कभी भी नहीं फँसा हूँ। पूछा गया प्रश्न मेरे विषय से संबोधित है और उसका सटीक उत्तर मैं दे नहीं पाया, ऐसा एक बार भी नहीं हुआ।

विविध चैनल्स पर घटनाचक्र, महाचर्चा, आमने-सामने जैसे कई कार्यक्रमों में सीधे फोन से या सूत्रसंचालक से जानबूझकर पूछे गए टेढ़े प्रश्नों के जबाब मुझे देने पड़े हैं। मैंने वे ईमानदारी से दिए हैं, ऐसा अभिप्राय आज तक मिला है। प्रबोधन का एक और अलग कार्यक्रम यानी डॉ. श्रीराम लागू और मुझमें होनेवाला विवेक जागृति का वाद-संवाद—'ईश्वर आद्य अन्धविश्वास है और उसे नकारने

के सिवाय अन्धविश्वास उन्मूलन असम्भव है', यह डॉ. श्रीराम लागू की भूमिका आर-पार कर देनेवाला है। मैं स्वयं नास्तिक हूँ। लेकिन समिति का मानना है कि, समिति के कार्य में सम्मिलित होने के लिए नास्तिक होना यह पूर्वशर्त नहीं है। समिति की ईश्वर और धर्म सम्बन्धी भूमिका निष्पक्ष है। इस निष्पक्षता को श्रीराम लागू पलायन समझते हैं। मुझे लगता है कि यह भूमिका भारतीय संविधान के धर्मनिरपेक्षता के आशय से सुसंगत है। इस विषय पर मेरे और डॉ. श्रीराम लागू के सौ से अधिक वाद-विवाद महाराष्ट्र में सभी ओर हुए हैं और वे बड़े सफल रहे। विचार प्रबोधन की हलचल निर्माण करने में वे उपयोगी सिद्ध हुए हैं।

टोना-टोटका विरोधी क़ानून महाराष्ट्र शासन ने विधानसभा में स्वीकृत किया है लेकिन अब तक पारित नहीं हुआ है। इस क़ानून के ख़िलाफ़ मैं महाराष्ट्र में सभी स्थानों पर बोल चुका हूँ। इस क़ानून के धर्मविरोधी होने का झूठा प्रसार इसके विरोध में किया गया। इसी कारण इस विषय पर मेरा भाषण स्फोटक रहेगा इसलिए इसे अनुमति नहीं दें, ऐसी अर्जियाँ मेरे व्याख्यान के ठिकानों पर पुलिस को दी गईं। पुलिस की सुरक्षा और गड़बड़ी की सम्भावना में भी सारी सभाएँ सुचारु रूप से सम्पन्न हुई हैं। ईश्वर के नाम पर सार्वजनिक जगहों पर होनेवाली पशु हत्याएँ रुकनी चाहिए इसलिए महाराष्ट्र अंनिस ने तक़रीबन डेढ़ सौ से अधिक जगहों पर सत्याग्रह किए। शनिशिंगणापुर (तहसील नेवासा, ज़िला—नगर) के शनि देवता के चबूतरे पर आज भी स्त्रियों को प्रवेश नहीं है। इसलिए पंढरपुर से नगर तक की यात्रा निकालकर, सत्याग्रह कर, मैं अपने सहकारियों के साथ जेल गया। महाराष्ट्र के लगभग एक कोटि परिवारों में हर साल गणेश मूर्ति स्थापित की जाती है। हर मूर्ति सामान्यता दो किलो की रहती है। इनमें से अधिकतर मूर्तियाँ प्लास्टर ऑफ़ पैरिस की होती हैं जो ज़हरीले रासायनिक रंगों से रंग दी जाती हैं। पानी से वे सख़्त बनती हैं जिससे तलछट पर कूड़ा-करकट बढ़ता है। जीवित झरने मिट जाते हैं। रासायनिक रंगों से पानी ज़हरीला बनता है। इसे टालने के लिए विसर्जन की अपेक्षा गणेश मूर्ति दान करने की मुहिम समिति ने चलाई। उत्तर पूजा होकर विसर्जन के लिए लाई गई गणेश मूर्तियाँ समिति दान के रूप में अपनाकर पानी प्रदूषण टालकर उन्हें निर्गत करती है। शुरुआत में इस उपक्रम को बड़ी सफलता मिली। महाराष्ट्र के विविध स्थानों पर तीस से चालीस हज़ार गणेश मूर्तियाँ इकट्ठा होती थीं। लेकिन पिछले दो सालों से हिन्दू जनजागरण समिति ने इसका तीव्र विरोध शुरू किया है। उनकी भूमिका है कि, पानी प्रदूषण हुआ तो कोई बात नहीं,

लेकिन धार्मिक संकेतों के अनुसार नदी के बहते पानी में ही मूर्तियाँ पानी में ही डुबोनी चाहिए। विसर्जन की जगहों पर तनाव के साथ क़ानून-व्यवस्था का प्रश्न निर्माण हुआ। लेकिन तब तक प्रशासन और प्रदूषण नियंत्रण मंडल के स्तर पर अनुकूलता बनने से प्रश्न सुलझाने की दृष्टि से हलचलें शुरू हुई। इस यात्रा में किसी न किसी कारण से कोर्ट-कचहरी तक जाना अनिवार्य था।

निर्मला माता के सहज योग के कार्यक्रम के सामने निदर्शन करते समय उसी के भक्तों ने हमारी पिटाई की और हम पर ही फौजदारी गुनाह दाख़िल किया गया। इससे सम्बन्धित मेरा एक आलेख मेरी किताब में प्रकाशित हुआ, इसलिए मेरे ख़िलाफ़ दिल्ली कोर्ट में मानहानि का दावा दाख़िल किया गया। दावा दाख़िल करनेवाले पूर्व आयकर आयुक्त थे। सनातन भारतीय संस्था से अपनी युवा डॉक्टर लड़की के ग़ायब होने की शिकायत समिति के पास आई। उस व्यक्ति के साथ मैंने प्रेस कॉन्फ्रेंस की। इसका वृत्तांत लोकसत्ता, महाराष्ट्र टाइम्स, बेलगाव के तरुण भारत आदि समाचार-पत्रों में एवं समिति की पत्रिका में भी छपा। सम्बन्धित समाचार-पत्रों पर मुक़दमे न दर्ज कर मेरे ऊपर कुल चार दीवानी और 3 फौजदारी मानहानि के दावे दर्ज किए गए। उनमें से मानहानि का एक दावा एक करोड़ रुपये के हरजाने की माँग करनेवाला है।

मैं यह जानता हूँ कि समिति के कार्य का लेखा-जोखा प्रस्तुत करने की यहाँ गुंजाइश नहीं है। फिर भी अब तक इतना कुछ घटित होने का समाधान और अभिमान मिलता है। सन 1895 में इस कार्य की शुरुआत हुई। उस समय उसका संगठन का स्वरूप न था। महाराष्ट्र के विविध स्थानों पर इसी विचारधारा से कार्य करनेवाले समूहों का यह शिथिल-सा संगठन था। तीन-चार सालों में ही उसकी गतिविधियाँ थम सी गईं। मैं 1971 से परिवर्तन के आन्दोलन में था। सामाजिक न्याय, आर्थिक शोषण, भ्रष्टाचार तथा राजनीति के ख़िलाफ़ संघर्ष कर रहा था। कुछ कारणों से 1985 में इस कार्य में शामिल हुआ। काम संगठन के रूप में होने से पहले ही आपसी मतभेदों के कारण उसके बिखरने की नौबत अई थी। मुझे इस काम की आस्था प्रधान क्रम से नहीं थी। यह काम महत्त्वपूर्ण भी नहीं लगता था। संगठन में मतभेद देखते ही मैंने रुकने का निर्णय लिया। यदि ऐसा होता तो काम का क्या हुआ होगा यह तो पता नहीं लेकिन यह सच है कि मैं इस कार्य में सक्रिय नहीं होता। पुणे के मेरे सहकारी कहते, 'हम काम करने की इच्छा रखते हैं, लेकिन आपके पास समय के साथ वक्तृत्व भी है, इसलिए

आप ही इस कार्य से जुड़े रहें।' ऐसा तय हुआ कि मैं दो साल तक काम जारी रखूँगा। समन्वयक के रूप में कार्यरत रहकर दो सालों में यदि काम जम जाता है तो भविष्य का विचार करेंगे। यह 1989 का वर्ष था।

दो साल बाद 1991 में संगठन के पुनर्निर्माण पर निर्णय हुआ। उस समय संगठन की मात्र 15-20 शाखाएँ थी। पहली कार्यकारिणी के चयन में मैं कार्याध्यक्ष बना। मज़ेदार बात यह थी कि मुझसे काम का आग्रह करनेवाले पुणे केंद्र के सभी सहकर्मियों ने आगे जाकर काम बन्द किया। लेकिन मैं मात्र चलता रहा। इस संगठन का 17-18 सालों का इतिहास है। आज महाराष्ट्र के हर ज़िले तक संगठन फैला है। हमारी एक सौ अस्सी शाखाएँ हैं तथा कार्यकर्ताओं का बड़ा जाल है। फ़िलहाल मुझसे एक ज्येष्ठ सामाजिक कार्यकर्ता ने कहा, 'आपका तो अच्छा-ख़ासा चल रहा है।' मैंने पूछा 'मतलब?' तो उन्होंने कहा, 'आपका संगठन पूरे महाराष्ट्र में फैला है लेकिन संगठन में अनबन कभी सुनाई नहीं देते। आप अमीर तो नहीं, फिर भी आप को कभी आर्थिक कठिनाई का सामना करते देखा नहीं। जनसंचार माध्यम भी आपके साथ रहता है।' उनके कथन से मैं मन ही मन आनन्दित हुआ, साथ ही अन्तर्मुख भी। यह बात सच है कि, इतने बड़े संगठन की दृष्टि से हमारे संगठन में अनबन, झगड़ा, लड़ाई, या एक-दूसरे को मात देने के प्रमाण न के बराबर हैं। पिछले कई सालों में एकाध अपवाद को छोड़कर मुझे इस काम के लिए समय गँवाना नहीं पड़ा। ऐसे वातावरण में काम करते समय में हमेशा आश्वस्त रहा हूँ। कार्यकर्ताओं के प्रेम और विश्वास को लेकर अन्य लोगों को ईर्षा लगे, ऐसी मेरी स्थिति है।

संगठन की स्थापना से मैं ही कार्याध्यक्ष हूँ और इस पद को छोड़ने का निर्णय पिछले तीन सालों से ज़ाहिर कर रहा हूँ। मेरे जैसा सम्मान शायद ही किसी अन्य को इस पद से प्राप्त हुआ होगा। इसके लिए हमने संगठन के पाँच ज्येष्ठ कार्यकर्ताओं की कार्यकारी समिति गठित की है। संगठन के सारे निर्णयों में उनके साथ हम भी होते हैं। संगठन में तय हुआ कि टोना-टोटका विरोधी क़ानून मंजूर होने पर मैं कार्याध्यक्ष पद से इस्तीफ़ा दें दूँ। उसे अब डेढ़ साल पूरे हुए। उस समय क़ानून पारित होने में देर लगेगी ऐसा सोचा नहीं था। लेकिन उसमें देर होती गई और मेरा कार्यकाल भी बढ़ता गया। अर्थात बिना पद के भी मैं हमेशा कार्यरत ही रहा। काम का नियोजन, संयम, दृढ़ता, तंदुरुस्त शरीर, हमेशा यात्रा और काम करने की क्षमता यह सब मुझे प्राप्त उपहार है। बढ़ती उम्र के साथ

थोड़ा बदलाव आया लेकिन अपनी ओर से सजग रहने का मैं प्रयत्न करता हूँ। इतने व्यापक आन्दोलन को चलाने के लिए आर्थिक क्षमता तो आवश्यक है। पिछले अठारह सालों में ऐसा कभी भी नहीं हुआ कि आन्दोलन आर्थिक कठिनाई से गुज़र रहा है। यह सचमुच आश्चर्यकारक है। इसके लिए संगठन की विशिष्ट कार्यपद्धति ज़िम्मेदार है।

दस साल पहले महाराष्ट्र फाउंडेशन का सर्वोत्तम सामाजिक पुरस्कार संगठन को मिला। उस समय संगठन का अपना ऑफ़िस नहीं था और आज भी नहीं है। लेकिन इससे कार्य में बाधा नहीं आई। संगठन की सभी शाखाएँ अपना ख़र्चा स्वयं ही उठाती हैं। उन्हें मध्यवर्ती शाखा से किसी भी प्रकार की आर्थिक मदद नहीं मिलती। वे भी इसकी अपेक्षा नहीं रखतीं। संगठन की शाखाएँ कुछ कार्यक्रम आयोजित कर पैसों का इन्तजाम करती हैं। स्वयं अध्ययन तथा उपक्रम के माध्यम से कुछ राशि प्राप्त होती है। कार्यकर्ताओं द्वारा निजी आमदनी से मिले सहयोग और संगठन की मासिक पत्रिका के वार्षिकांक को सम्बन्धित शाखा से मिलनेवाले विज्ञापनों में से दस प्रतिशत राशि से शाखा अपनी ज़रूरतें पूरी करती है। संगठन को मध्यवर्ती शाखा की ओर से किए जानेवाले उपक्रम, यात्रा आदि के लिए ज़रूरी पैसे दीवाली अंक के विज्ञापन तथा स्वयंस्फूर्ति से प्राप्त चंदे की राशि से प्राप्त होते हैं। पिछले अठारह सालों में पैसों की कमी की वजह से काम कभी भी रुका नहीं है। 'कोई भी अच्छा काम पैसों की कमी की वजह से रुकता नहीं है,' गांधी के इस वचन पर मेरा पूरा विश्वास है। कभी पैसों की कमी महसूस हुई तो उसकी उपलब्धता के लिए कोशिश करने के बदले काम का दर्जा बढ़ाने का प्रयत्न करने की पक्की बात मैंने मन ही मन बाँध ली है। सहकर्मियों को भी यही बताता रहता हूँ।

यह सच है कि संगठन हमेशा चर्चा में रहा है। इससे प्रसिद्धि के लालच का आरोप संगठन पर लगाया जाता है। मैं मानता हूँ कि संगठन और मुझे जो प्रसिद्धि सभी माध्यमों से मिली है वह काफ़ी है और दीर्घकाल तक मिली है। एकाध संगठन को ऐसी अनुकूलता लगातार अठारह सालों तक मिलती नहीं है। इसीलिए मैं अपने सहकर्मियों से बताता रहता हूँ कि 'इसके आगे कभी प्रसिद्धि परिधि के बाहर भी रहने की मानसिक तैयारी रखें।' मुझे लगता है कि प्रसिद्धि तीन कारणों से मिलती है। पहला कारण—अन्धविश्वास उन्मूलन के कई काम समाचारमूल्य बढ़ानेवाले होते हैं। इससे वास्तव में जूझनेवाला कार्यकर्ता प्रसिद्धि

पाता ही है। दूसरी बात यह कि, समिति के कार्यकर्ताओं के प्रामाणिक होने की धारणा महाराष्ट्र के जनसंचार माध्यमों में है। इसी कारण समिति की ख़बर को चमकदार स्वरूप नहीं दिया जाता क्योंकि वह वैसी नहीं रहती। इसके साथ तीसरी बात भी महत्त्वपूर्ण है कि, मैंने और मेरे सहकर्मियों ने सम्पर्क माध्यमों से जानबूझकर अच्छे रिश्ते बनाए हैं। समय-समय पर उचित ख़बर या लेख उन तक पहुँचाने की सावधानी बरती गई है। व्यापक अर्थ से अन्धविश्वास उन्मूलन से सम्बन्धित कोई भी बात घटित होने पर अधिकतर मैं किसी न किसी प्रमुख समाचार-पत्र के लिए लेख लिखता हूँ जो तुरन्त प्रकाशित होता है।

व्यक्तिगत दृष्टि से मुझे और समिति को परखनेवाला क्षेत्र अलग ही है। वर्तमान महाराष्ट्र के बारे में वास्तव में जिन्हें पता है वे इसे थोड़ा-बहुत समझते हैं। किसी भी संगठन का निर्माण होने पर, वह किस जाति का है और उसका नेता किस जाति से है इसकी चर्चा महाराष्ट्र में होती ही है। समिति का संघटनात्मक कार्य और आन्दोलन में नाम निश्चित होने पर यह चर्चा व्यापक बनायी गई। एक ओर हिन्दुत्ववादी संगठन ऐसी माँग करते हैं कि, अन्धश्रद्धा निर्मूलन समिति और डॉ. दाभोलकर धर्म डुबाने वाले हैं इसलिए उन्हें निर्वासित करें। तो दूसरी ओर स्वयं को पुरोगामी माननेवाले धर्मनिरपेक्ष संगठन, उनके नेता, उनके विचारों को मान्यता देनेवाले साप्ताहिकों ने 'दाभोलकर ब्राह्मण हैं, इसलिए उनके नेतृत्व में अन्धविश्वास उन्मूलन सम्भव नहीं; बहुजनों को फँसाने की यह ब्राह्मणी चालाकी है' ऐसा प्रचार महाराष्ट्र में सभी ओर ज़ाहिर तौर पर बड़ी मात्रा में किया गया। जाति की मानसिकता एक अजब बात है। उस मानसिकता का तर्कशास्त्र ग़लत होकर भी सुसंगत प्रतीत होता है। ऐसे ज़हरीले प्रचार से संगठन को गम्भीर हानि पहुँच सकती थी। लेकिन ऐसा नहीं हुआ। शायद इसी से ही अब यह प्रचार रुक गया है। यह घटित होने के कारण मेरी जाति को शोषण के जो गुणविशेष चिपकाए जाते हैं, वे मुझ पर लागू नहीं होते बल्कि इसका असली कारण यह है कि अन्धश्रद्धा निर्मूलन समिति की सभी शाखाओं में विविध जाति के इतने बहुजन भरे हैं कि, इस संगठन पर जाति का लेबल लगाना असम्भव है। दूसरी ओर संगठन के सभी स्तर के पदाधिकारियों के चयन में जाति का मुद्दा ग़लती से भी शामिल नहीं हुआ है। पैंतीस ज़िलों का प्रतिनिधित्व करनेवाली कार्यकारिणी अपने आप में बहुजातीय बनी है। इसका अर्थ यह है कि, शाखा स्तर से लेकर राज्य स्तर तक के पदाधिकारी चयन में जाति पर कभी भी बात नहीं बनी है।

जिन सदस्यों ने उनका चयन किया, उनमें विविध जाति के लोग हैं फिर चयन कैसे भी हो, वह बहुजनवादी ही रहेगा।

संगठन का विस्तार होना, उसमें मतभेद न रहना, जनसंचार माध्यमों का साथ मिलना, लोगों द्वारा आवश्यक पैसा उपलब्ध होना और जाति-समझ से संगठन मुक्त रहना जैसी बातें साध्य होने का उत्तर मेरे पास नहीं है। लेकिन मुझे जो सम्भावनाएँ नज़र आती हैं वे ऐसी हैं—एक, संगठन में लोकतंत्र का पालन किया जाता है। दो, कारोबार अत्यंत जानबूझकर विकेंद्रित रखा है। कार्यकर्ता को स्वाधीनता है। सबसे महत्त्वपूर्ण बात यह कि संगठन में कार्यकर्ता अपनी आन्तरिक प्रेरणा से आते हैं। आस-पास के अन्धविश्वास से वे घुटन महसूस करते हैं लेकिन इसका प्रतिवाद करने का रास्ता उन्हें नहीं मिलता। संगठन के रूप में उन्हें एक संघटित और शक्तिशाली रास्ता मिलता है। इसी कारण संगठन को सँभालना, बनाए रखना तथा उसका विस्तार करना उनकी ही आन्तरिक आवश्यकता रहती है। इससे झगड़े, जाति-विचार, आर्थिक दुरावस्था से संगठन को दूर रखने की कार्यकर्ता कोशिश करता है। मैं स्थापना से ही संगठन का सचिव रहा हूँ। संगठन से मेरा नाम 'सिक्के का दूसरा पहलू' की पद्धति से जोड़ा गया है। लेकिन संगठन को उपर्युक्त स्वरूप प्राप्त कराने में सचमुच ही मैंने विशेष प्रयास नहीं किए। इसी कारण मुझे अचरज होता है कि यह सब आता कहाँ से है और कैसे घटित होता है? इस कार्य में अनेकों का मिला सहयोग मर्मबंध की जमा पूँजी है। इसे खोलना उचित नहीं है। मुक़दमों के समय सम्मानित वकील बिना फीस लिए पक्ष में खड़े रहे। आन्दोलन के कई कार्यक्रमों में डॉ. श्रीराम लागू, नीलू फुले जैसे बुजुर्ग वेठबिगार के समान पेश आए (वेठबिगार शब्द उनके द्वारा ही लाड़-प्यार की शिकायत के रूप में प्रयुक्त है)। मुझे अकेलेपन के एहसास ने कभी स्पर्श भी नहीं किया क्योंकि मेरी पत्नी, भाई तथा बच्चों ने मुझे ख़ूब आधार दिया।

मेरी यात्रा से सम्बन्धित खास बातें : मेरी भूमिका ऐसी है कि मैं टीका-टिप्पणी का उत्तर नहीं देता। आरोप-प्रत्यारोप के शोरगुल में शामिल नहीं होता। विचार-विरोधियों को सटीक उत्तर देकर विषय से दूर हटता हूँ। कई बार मानहानि का दावा सहजता से दर्ज कराने के आरोप मुझ पर किए जाते हैं। लेकिन मैं ऐसा कुछ भी नहीं करता। मेरी धारणा है कि आन्दोलन कोर्ट-कचहरी तक न पहुँचे। समविचारी माने गए मित्र या संगठन जो टीका करते हैं उस पर तो मैं चूँ तक

नहीं करता हूँ। यह बात पक्की है कि मेरी इस आदत से मुझे कभी हानि नहीं पहुँचाई। मेरी धारणा बनी है कि प्रदीर्घ यात्रा से लोकमानस में आप के बारे में एक प्रकार की मान्यता बनती है और टीका-टिप्पणी के भड़कीले आरोपों से उसे हानि नहीं पहुँचती। मेरी यात्रा में मुझे कभी अकेलापन महसूस नहीं हुआ। आजकल अंनिस और 'साधना' साप्ताहिक के कार्य को छोड़कर मैं कुछ काम नहीं करता। कई सालों से मैं कबड्डी के मैदान पर नहीं गया। सिनेमा, नाटक, यात्रा तो न के बराबर। मैं टीवी नहीं देखता। परिवार में होकर भी नहीं हूँ। ज़रूरी जितना हो उतना ही पढ़ता हूँ। यह व्यक्तित्व का खुलकर किया गया बारीकीकरण है। मेरे इस स्वभाव से मेरे आस-पासवालों को पीड़ा या परेशानी होती होगी। लेकिन उसका अभी तो कोई उपाय नज़र नहीं आता। लोग विचार बदलते हैं, कार्यकर्ता मात्र मेरी तरह ही बेभान होकर भरसक प्रयास करते हैं। यह आनन्द देनेवाली तथा उत्साह रखनेवाली बात है। अन्धविश्वास उन्मूलन का कार्य क्यों करना है, इस सम्बन्ध में कार्यकर्ताओं से हमेशा बोलता रहता हूँ—'समाज का ऋण चुकाना है जैसी बातों के लिए बिल्कुल भी काम न करें। सिर पर ग़लत बोझ न लें। कार्य से शुद्ध आनन्द मिले तो ही और तब तक कार्य करें।'

आन्दोलन की यात्रा में धर्मनिरपेक्षता के आशय का एक नया मुद्दा हमने उठाया है। आज तक की धर्मनिरपेक्षता की पुरोगामी प्रस्तुति से वह अलग है। एक विचारधारा मानती है कि, प्रशासन धर्मनिरपेक्षता पर अमल करे। दूसरा प्रवाह मानता है कि, अस्थिर अर्थनीति में धर्मनिरपेक्ष राजनीति असम्भव है, इसलिए अस्थिर अर्थनीति पर उपाय करें और उस संघर्ष में शामिल होनेवाले मज़दूरों को धर्मनिरपेक्षता बताएं। हाल ही में मेरी प्रस्तुति ऐसी है कि, इस देश की धर्मनिरपेक्षता की नाल महात्मा फुले, विठ्ठल रामजी शिंदे, महात्मा गांधी के साथ डॉ. बाबासाहब आंबेडकर के कार्य से जोड़नी चाहिए। इन समाजसुधारकों ने समाजविन्मुख धर्म को समाजसन्मुख बनाया तथा ईश्वरकेंद्री धर्म को मानवकेंद्री भी। मुझे लगता है कि इस मार्ग से भारत की धर्मनिरपेक्षता अधिक आशयसम्पन्न बनेगी। लेकिन आज भी यह केवल प्रचार के स्तर पर ही है।

अन्धविश्वास उन्मूलन का कार्य अकेला नहीं है, उसे व्यापक परिवर्तन के आन्दोलन से जोड़ने की आवश्यकता है। लेकिन व्यापक आन्दोलन चलाने वाले संगठन और उनके कार्य और अन्धविश्वास उन्मूलन के कार्य को जोड़नेवाली कड़ियाँ आज अस्तित्व में नहीं हैं। अन्धविश्वास उन्मूलन ही हमारा एकमात्र

काम है, इस कल्पना से कार्यकर्ताओं में अकेलापन न आए इसकी आवश्यकता मुझे महसूस होती है। इसी अवधान का हम पालन करते आए हैं, फिर भी उसे अधिक अर्थपूर्ण करने की आवश्यकता है।

अन्धविश्वास उन्मूलन के कार्य में कार्यकर्ताओं पर हमेशा एक नज़र रखी जाती है। आपके व्यवहार को जाँचा-परखा जाता है। यह उचित है कि आपकी कथनी और करनी में अन्तर न रहे। लेकिन जैसा बोलते हैं वैसा ही आचरण करनेवाले वंदनीय लोग संख्या में कम ही रहेंगे। फिर भी मुझे लगता है कि एक आन्दोलन के रूप में हमारा संगठन और एक व्यक्ति के रूप में स्वयं मैं यानी दोनों इस दिशा में जाने का ईमानदार प्रयास करते हैं। हमारी असली ताक़त संगठन के चरित्र में छिपी है। समिति के कार्यकर्ताओं के बारे में लोगों की धारणा है कि वे जैसा बोलते हैं, वैसा ही आचरण करते हैं। यह सच है। यह मुझसे और समिति के कार्यकर्ताओं से सौ प्रतिशत तो नहीं हो पाता। लेकिन अधिक से अधिक आचरण विचारों से सुसंगत रखने का हमारा प्रयास रहता है। सभी जगहों पर 'आप जैसे बोलते हैं वैसा आचरण करते हैं' इसे देखने के लिए लोगों का पहरा रहता है। अंनिस के बारे में वह थोड़ा ज़्यादा ही सख़्त रहता है। इसी कारण अंनिस में सक्रिय होने के लिए कइयों का मन झिझकता है। उन्हें समिति की विचारधारा पसन्द होती है लेकिन उस पर अमल करते समय, बिल्कुल नज़दीक के रिश्तेदारों के गले उतारना इनसे सम्भव नहीं होता। इससे सम्बन्धित दूसरी पार्टी की भावनाएँ तीव्र रहती हैं। मन्नत पूरी करने तथा पूजा करने के लिए पति-पत्नी साथ में बैठते हैं। ऐसे समय पूजा के लिए नकार देने से पूरे परिवार का स्वास्थ ही ख़तरे में पड़ जाता है। इससे सम्बन्धित तत्त्वविचार और व्यवहार 'सुधारक' गोपाल गणेश आगरकर के दो वाक्यों से स्पष्ट होता है। पहला वाक्य है—'केवल ज्ञान के बढ़ने से कुछ होगा नहीं, उसके समान आचरण करने का साहस आना चाहिए।' दूसरा वाक्य है—'उचित विचार, बाद में उच्चार, उसके बाद प्रचार और अन्त में आचार।' अगली सीढ़ी पर संगठन याने सामूहिक आचार और अन्त में संघर्ष। जिस बात को बदलना समिति को आवश्यक लगता है, उसके ख़िलाफ़ संघर्ष। विवेकवाद का विचार व्यक्ति के मन में बोना आसान नहीं है। यदि विवेकवाद का उच्चार हमेशा से होता रहा तो भी आगे बढ़ते हैं और उच्चार का प्रचार मुहिम में रूपांतर होता है। जिन बातों का प्रचार हुआ है, उसका आचरण सम्बन्धित लोगों द्वारा किया गया और इससे वे

संगठन में रूपांतरित हुए तो यह अच्छी बात है। ऐसा संगठन परिवर्तन के संघर्ष में उतर आए तो दूध में शक्कर। लेकिन इन सीढ़ियों को पार करनेवाले व्यक्ति की भारी भागदौड़ होती है। यह स्वाभाविक भी है। मैं यथाशक्ति इस मार्ग पर चल रहा हूँ। मुझे इस बात का एहसास है कि यह अनंत यात्रा है।

साक्षात्कार

सवाल आपके, उत्तर दाभोलकर के

पृष्ठभूमि

आरम्भिक सालों में आई.टी. में काम करने के बाद, अवगत सूचना और तकनीक का उपयोग सामाजिक कार्य के लिए, विशेषत: प्रबोधन के हेतु करने की धारणा रखनेवाला व्यक्तित्व यानी गिरीश लाड। पाँच साल पहले जब उनकी डॉ. दाभोलकर से भेंट हुई तब उन्हें महसूस हुआ कि डॉक्टर के विचार रेकॉर्ड करके ऑडियो सीडी के रूप में उपलब्ध कर दिए जाएँ तो एक नया वर्ग अंनिस के कार्य से परिचित हो जाएगा। उन्होंने ऐसा प्रस्ताव डॉ. दाभोलकर के सामने रखा। डॉक्टर ने इस प्रस्ताव को सहर्ष से स्वीकृति दी क्योंकि उनकी धारणा थी कि अपना आन्दोलन हमेशा नए और युवा वर्ग तक पहुँचना चाहिए। डॉक्टर के दस भाषणों की दो ऑडियो सीडीज तैयार की गईं। उन सीडीज को मिली सफलता को ध्यान में रखकर, गिरीश लाड ने ऐसी कल्पना सामने रखी कि डॉक्टर का एक दीर्घ साक्षात्कार ऑडियो-वीडियो रूप में उपलब्ध कराया जाए। इस कल्पना का भी डॉक्टर ने समर्थन किया।

फरवरी-मार्च 2013 में ऑडियो-वीडियो साक्षात्कार के सन्दर्भ में गिरीश लाड और अंनिस के कुछ कार्यकर्ताओं से डॉक्टर ने साक्षात्कार के स्वरूप पर चर्चा की। सर्वसम्मति से तय हुआ कि, महाराष्ट्र के कोने-कोने से डॉ. दाभोलकर और अंनिस के कार्यकर्ताओं से छोटे-बड़ों द्वारा जो प्रश्न पूछे जाते हैं, जो एतराज समर्थक और विरोधियों द्वारा उठाए जाते हैं, उनमें से चुने हुए सवालों और आक्षेपों का उत्तर देनेवाला साक्षात्कार रहेगा। इस साक्षात्कार का शीर्षक तय हुआ—'प्रश्न आपके, उत्तर दाभोलकर जी के'। इस साक्षात्कार का उद्‌देश्य यह था कि सुनने-देखनेवालों के मन में अंनिस और डॉक्टर की

भूमिका की कम से कम पहचान होगी और उनकी भूमिका अधिक व्यापक रूप में समझने की इच्छा बनेगी। बहुत कट-कटाव के बाद भी कम से कम 25 प्रश्न होंगे, और एक प्रश्न के उत्तर के लिए 4 मिनट का समय दिया तो भी यह साक्षात्कार 100 मिनटों का होगा, यह बात स्पष्ट हुई। वस्तुत: हर एक प्रश्न के विस्तार और गहराई पर ध्यान दें, तो चार मिनट का समय बहुत कम था। लेकिन इसके चार-पाँच वर्ष पूर्व दूरचित्र चैनल्स पर कई बार साक्षात्कार तथा बाइट देते समय, संक्षिप्तिकरण की कला डॉक्टर को बढ़िया अवगत थी। वे इसमें इतने निष्णात थे कि, बाइट लेनेवाला नया पत्रकार जब बताता कि 'आप बोलिए, हमें जो चाहिए वह लेंगे, उस समय डॉक्टर उससे कहते, 'ऐसा नहीं, समय बताइए। मैं एक ही मुद्दा 15 मिनटों में भी बता सकता हूँ और तीन मिनटों में भी।'

बड़े विचार-विमर्श और सलाह-मशवरे के बाद उस साक्षात्कार की रिकॉर्डिंग और शूटिंग 8 अप्रैल, 2013 को करना तय हुआ। पहलेवाली कल्पना ऐसी थी कि सभागार के बदले रिकॉर्डिंग रूम में चुनिंदा 10-12 लोगों की उपस्थिति में साक्षात्कार होगा, जिससे रिकॉर्डिंग स्तरीय बनेगी। एक गुट का यह मानना था कि किसी सभागार में बड़े समूह के सामने लिया गया साक्षात्कार स्वाभाविक तथा जीवित बन पाएगा। वस्तुत: डॉ. दाभोलकर ख़ाली सभागार में भी उतना ही स्वाभाविक बोलने की क्षमता रखते थे। क्योंकि कुछ साल पूर्व सतारा के एक बड़े मैदान में भरी दोपहरी में केवल एक अकेले श्रोता के सामने दो घंटे तक बड़ी आस्था से भाषण करने की याद वे कभी-कभार दिलाते थे। और उन्होंने पुणे के एक स्टूडियो में ऑडियो सीडी के निर्माण के दस भाषण अकेले गिरीश लाड को सामने बिठाकर दिए थे। इसके लिए उन्होंने लगातार दस दिन के बाहर के कार्यक्रम रद्द कर पुणे में ही डेरा डाला था। इसी कारण उन्होंने श्रोताओं से लबालब भरे सभागार में साक्षात्कार लेना पसन्द किया। यह केवल स्वाभाविक रूप से बोलना आसान होगा इसलिए नहीं, बल्कि चार-पाँच सौ लोगों तक अपना विचार पहुँचेगा, इस उपयुक्तता की भूमिका के कारण!

इस साक्षात्कार के सन्दर्भ में गिरीश लाड, अंनिस कार्यकर्ता और डॉ. दाभोलकर के बीच की चर्चा अन्तिम पड़ाव पर आने पर, अन्तिम दो-तीन चर्चाओं के लिए मुझे बुलाया गया। डॉक्टर ने विचार रखा कि यह साक्षात्कार मैं ले लूँ। उस समय मैं उतना उत्साही नहीं था क्योंकि इसके पूर्व आठ -नौ साल 'साधना' के

कार्य के हेतु मैं डॉक्टर के साथ सप्ताह के दो दिन पूरा समय देता था। लोगों के एतराज़ और प्रश्नों के डॉक्टर द्वारा दिए गए उत्तर मुझे पता थे। तथा प्रश्न पूछते समय साक्षात्कारकर्ता को केवल तटस्थता दिखाकर काम नहीं चलता, थोड़ा ही सही, लेकिन विरोध दर्शाना पड़ता है। याने थोड़ा सा ही सही अभिनय करना पड़ता है। इन दो कारणों से मैं यह बताता था कि ऐसा तटस्थ आदमी, जिसका नाम परिचित है, साक्षात्कारकर्ता होगा। इसके लिए पत्रकारिता, साहित्य, समाजकार्य या नाटक-सिनेमा जैसे क्षेत्रों के किसी अच्छे व्यक्ति के साक्षात्कार के लिए चुनेंगे। इस आधार पर मैंने पाँच-सात लोगों के नाम भी डॉक्टर को दिए लेकिन उन्होंने इनकार किया। 'क्यों नहीं' ऐसा प्रश्न न मैंने उनसे पूछा और न ही उन्होंने मुझे बताया। लेकिन असल में सम्भव होगा कि प्रश्न 'टू द पॉइंट' पूछना और उत्तरों से प्रश्न को सरलता से 'कनेक्ट' करने का काम मैं बड़ी सहजता से कर सकता था, यह उन्हें मालूम था। हम दोनों की केमिस्ट्री के कारण उन्हें ऐसा लगना स्वाभाविक था। वस्तुत: वे अंनिस के मंच पर या कार्य के लिए मुझे कभी बुलाते न थे। अब तक के नौ सालों में उन्होंने अंनिस के मंच पर मुझे केवल चार बार ही बुलाया था। अर्थात, वे चारों प्रसंग बड़े महत्त्वपूर्ण थे। शंकर अभ्यंकर-डॉ. दाभोलकर यह प्रसिद्ध वाद-संवाद उसमें से ही एक प्रसंग है।

साक्षात्कार की रिकॉर्डिंग/शूटिंग के लिए निश्चित किया गया दिन 8 अप्रैल, 2013 का सोमवार था। इसी दिन 'साधना' के अंक की छपाई की धांधली थी। उस दोपहर डॉक्टर एक काग़ज़ लेकर आए और बोले, 'यह देखो, इसमें 25 प्रश्न हैं।' रेखांकित काग़ज़ पर, छोटे अक्षरों में लिखे थे वे प्रश्न। उदाहरणार्थ, 'वैज्ञानिक दृष्टिकोण का इतना आग्रह क्यों? केवल हिन्दू धर्म में व्याप्त अन्धविश्वास ही आपको नज़र आते हैं आदि...' इन्हें पढ़कर मैंने कहा, 'हर एक प्रश्न टाइप किया हुआ और एक चौथाई पृष्ठ पर एक प्रश्न, ऐसो प्रस्तुति हो।'

डॉक्टर हमारे कार्यालयीन सहकारी (परितोष गोडबोले) के पास गए और सभी प्रश्न टाइप कर ले आए। हर प्रश्न एक ही पंक्ति का होने के कारण परितोष ने एक पन्ने पर दो प्रश्न टाइप किए। मैंने कहा, 'एक पन्ने पर एक ही प्रश्न चाहिए।' डॉक्टर दुबारा उसके पास गए और एक पन्ने पर एक प्रश्न ऐसी रचना कर ले आए। मैंने कहा, 'यह टाइप बहुत छोटा है, एक-सवा फीट की

दूरी से भी प्रश्न दिखाई देना चाहिए।' डॉक्टर फिर एक बार उसके पास जाकर बड़े टाइप में प्रश्न लेकर आए। मैंने कहाँ, 'नज़र की पहुँच में प्रश्न दिखाई दे, इसलिए एक पन्ने पर बड़े टाइप में एक प्रश्न और दो-तीन प्रश्न छोटे टाइप में रहेंगे तो सुविधा होगी।' डॉक्टर पुनः गए और इसी ढंग के पन्ने तैयार करके ले आए। मैंने 'ओके' कहा। डॉक्टर पुनः परितोष के पास गए और कहा, 'पुनः इन सभी प्रश्नों का एक सेट कर मुझे भी दे दो।' उस समय उनके चेहरे पर ख़ुशी साफ़ झलक रही थी। यह छोटी सी बात उन्हें बड़ी महत्त्वपूर्ण लगी क्योंकि उन्हें तकनीक के प्रयोग और परफ़ेक्शन का आग्रह विशेष पसन्द था।

एस. एम. जोशी सोशलिस्ट फाउंडेशन का सभागार श्रोताओं से लबालब भरा था। (दिग्दर्शक अमित अभ्यंकर और उनकी टीम शूटिंग के लिए तैयार थी)। प्रत्यक्ष साक्षात्कार के समय हम दोनों के हाथों में 25 प्रश्नों की 25 चिट्ठियाँ क्रम से लगाई गई थीं। प्रश्न पूरा होने पर वह चिट्ठी हम नीचे सरकाते थे। इससे आगेवाले प्रश्न की जानकारी डॉक्टर को मिलती थी। पूरे 100 मिनटों के साक्षात्कार में हमारे हाथों में प्रश्नों की चिट्ठियाँ है और हम उन्हें देखते हैं यह दृश्य न तो डीवीडी में दिखाई देता था और ना ही प्रत्यक्ष उपस्थित रहे श्रोताओं की समझ में आया। मैंने यह पक्का किया था कि उस एक पंक्ति के प्रश्न को पहलेवाले प्रश्न के उत्तर से और बाहरी सन्दर्भों से जोड़ना है, और वह भी आधे-पौन मिनट में। हर प्रश्न का उत्तर तीन से साढ़े तीन मिनट में पूरा हो, इसलिए डॉक्टर ने मेरे सामने घड़ी की व्यवस्था की थी। सार्वजनिक समारोह होने के कारण 'रिटेक' नहीं ले सकते थे। शूटिंग के बाद भी प्रश्नोत्तरी में 'एडिटिंग' करने की सम्भावनाएँ नहीं बनीं। उस साक्षात्कार में प्रश्न पूछते समय मुझे थोड़ा अभिनय (तटस्थ होने का आविर्भाव) करना था लेकिन मैं नहीं कर पाया। पूरे साक्षात्कार में डॉक्टर की विविध भावमुद्राएँ मात्र असाधारण जीवित लग रही थीं, जो उनमें स्थित स्पोर्टिंग स्पिरिट (कई साल कबड्डी खेलने से) से आई थीं।

वह साक्षात्कार शूट होने के चार महीने बाद डॉक्टर की हत्या हुई। तब तक डीवीडी तैयार नहीं हुई थी। अक्तूबर 2013 में वह बनी। उसके तीन साल बाद भी मैंने यह एक बार भी नहीं देखी। उस साक्षात्कार का शब्दांकन कर उसकी पुस्तिका बनाने का विचार मन में था। साक्षात्कार सुनकर स्वयं उसका शब्दांकन करने की मानसिक तैयारी अभी नहीं थी। जब तीव्रता से लगा कि डॉक्टर के तीसरे स्मृति दिन पर यह पुस्तिका बननी चाहिए तब अच्छा शब्दांकन कर उस

पर मेरी नज़र से संस्कार कर यह पुस्तिका तैयार की है।

इस पुस्तिका को पढ़ते समय दो बातें ध्यान में रखनी अनिवार्य है। एक—इसमें से हर प्रश्न का उत्तर तीन से साढ़े तीन मिनटों में देना था, जिससे उत्तर बहुत संक्षिप्त रहनेवाला था। दो—परीक्षा के प्रश्नपत्र में सरल, मध्यम और कठिन जैसे तीन स्तर के प्रश्न रहते हैं। उसी प्रकार इन 25 प्रश्नों में भी तीन प्रकार के प्रश्न जानबूझकर रखे थे। क्योंकि विश्वास और अन्धविश्वास से सम्बन्धित प्रश्न सामान्य, असामान्य तथा अतिसामान्य लोगों से पूछे जाते हैं।

उपर्युक्त दोनों मुद्दों पर ध्यान देने पर पता चलता है कि डॉ. दाभोलकर 'क्लास' और 'मास' इन दो वर्गों के लिए बोलनेवाले, लिखनेवाले तथा कार्य करनेवाले व्यक्तित्व थे। ऐसे लोग दुर्लभ होते हैं। और तीन साल पहले महाराष्ट्र ने किसे खोया है इसका एहसास बड़ी तीव्रता से होता है।

विनोद शिरसाठ

15 अगस्त, 2016

गत पच्चीस सालों में महाराष्ट्र के कोने-कोने में अलग-अलग कार्यक्रमों के माध्यम से महाराष्ट्र अन्धश्रद्धा निर्मूलन समिति (अंनिस) के संस्थापक व कार्याध्यक्ष डॉ. नरेंद्र दाभोलकर से अलग-अलग क्षेत्रों के लोगों ने कई प्रकार के प्रश्न पूछे। उन प्रश्नों और उनके उत्तरों का अनुकूल-प्रतिकूल विवेचन करनेवाली 'अन्धविश्वास : प्रश्नचिह्न और पूर्णविराम' यह किताब उपलब्ध है। दो-तीन अपवादों को छोड़कर हम उस किताब के अतिरिक्त कुछ चुने हुए प्रश्न, इस समारोह में डॉ. दाभोलकर से पूछनेवाले हैं।

अन्धविश्वास उन्मूलन की चर्चा करते समय 'वैज्ञानिक दृष्टिकोण' शब्द हमेशा सामने आता है। 'वैज्ञानिक दृष्टिकोण' क्या है और अंनिस उसका बड़ी मात्रा में आग्रह क्यों करती है?

विश्व को अलग दृष्टि से समझना वैज्ञानिक दृष्टिकोण है। सबसे पहले कॉपर्निकस ने बताया कि सूरज को पृथ्वी के चक्कर काटता हुआ दिखाई देने पर भी असल में पृथ्वी सूरज के फेरे लगाती है। हम इसे 'कॉपर्निकस रिवोल्यूशन' कहते हैं।

कॉपर्निकस की इस खोज से विश्व का केंद्र बदला। इसके बाद विज्ञान के क्षेत्र में कई आविष्कार होते गए और धीरे-धीरे 'वैज्ञानिक दृष्टिकोण' यह संज्ञा अस्तित्व में आई। पिछली सदी में तो यह दृष्टिकोण इतना महत्त्वपूर्ण बना कि भारतीय संविधान के नागरिक कर्तव्यों में इसका समावेश हुआ। शिक्षा के मूल घटकों के साथ मूल्य शिक्षा में भी इसका समावेश हुआ। मतलब वैज्ञानिक दृष्टिकोण केवल चार-पाँच सौ साल पहले विश्व में आया और इस देश में धर्म का इतिहास पाँच-छह हज़ार सालों का है। 1953 में पंडित जवाहरलाल नेहरू जी ने लोकसभा में वैज्ञानिक दृष्टिकोण पेश किया। संविधान में लिखा है कि 'It is a duty of every indian citizen to promote scientific temperament'. इसे समझ लीजिए। संविधान में ऐसा नहीं लिखा है कि पाँच हज़ार वर्षों का इतिहास रखनेवाले धर्म और अध्यात्म का प्रचार करना हर भारतीय नागरिक का काम है। बल्कि ऐसा लिखा है कि, नागरिक वैज्ञानिक दृष्टिकोण को अपनाए। इसका सटीक अर्थ क्या है चार मुद्दे बता सकेंगे—

1. 'वैज्ञानिक दृष्टिकोण'—इस संकल्पना का अर्थ एक शब्द में बताना हो तो वह है—'कार्यकारण भाव'। हर कार्य के पीछे कारण रहता है। उसके पीछे ईश्वर, दैव, नसीब, प्राक्तन, संचित, ऐसा कुछ नहीं रहता।
2. वह कारण मेरी बुद्धि समझती है। इस देश में ऐसा बताया गया कि 'तुम ओबीसी हो, कोई भी तुम्हें इतना ही समझेगा। तुम दलित हो, कोई तुम्हें कुछ नहीं समझेगा, तुम स्त्री हो, तुम्हें शिक्षा का अधिकार नहीं है।'
3. विश्व के सभी कार्य के कारण समझ में नहीं आते। उदाहरण, कैन्सर क्यों होता है कारण पता नहीं। लेकिन वैज्ञानिक दृष्टिकोण हमेशा नम्र रहता है। वह कहता है कि हम सत्य की खोज लगातार जारी रखेंगे। वह कभी भी धर्म के समान अन्तिम सत्य पर खड़ा नहीं रहता।
4. आज मनुष्य के लिए 'वैज्ञानिक दृष्टिकोण' यथार्थ ज्ञान प्राप्ति का सबसे भरोसेमन्द रास्ता है। ग्रंथप्रामाण्य, बुद्‌धिप्रामाण्य, किसी के आशीर्वाद से प्राप्त ज्ञान, जैसे ज्ञान के रास्तों को अब नकारा जा रहा है। इसी कारण 'वैज्ञानिक दृष्टिकोण' को स्वीकारना मानव जीवन की महत्त्वपूर्ण बात बनी है, जो इस देश की उन्नति की शर्त भी बनी है। इसी कारण अंनिस 'वैज्ञानिक दृष्टिकोण' का आग्रह करती है।

आप तथा आपके कार्यकर्ताओं द्वारा हमेशा अन्धविश्वास उन्मूलन की चतुःसूत्री प्रस्तुत की जाती है। वह क्या है और अन्धविश्वास उन्मूलन में उसका योगदान क्या है?

अन्धविश्वास उन्मूलन की चतुःसूत्री है—

1. शोषण तथा दिग्भ्रमित करनेवाले अन्धविश्वासों का विरोध करना।
2. 'वैज्ञानिक दृष्टिकोण' का विचार, प्रसार तथा आचरण करना।
3. धर्म की कृतिशील, विधायक तथा समय आने पर कठोर समीक्षा करना।
4. व्यापक परिवर्तन के आन्दोलन से अपने आप को जोड़ना।

शोषण करनेवाले अन्धविश्वासों का विरोध करना क्या है? ऐसे कौन से अन्धविश्वास हैं? इनमें से एक का उत्तर महाराष्ट्र विधानसभा में जो क़ानून पारित होगा उसमें है तथा दूसरा उत्तर मेरे एक युवा कार्यकर्ता द्वारा अन्धविश्वास उन्मूलन क्या है इस मंत्र में है। वह मंत्र है—गुरुडम, भूत, जादूगरी, शकुन-अपशकुन, नसीब, ज्योतिष, चमत्कार, चकमा, नज़र लगना, टोना करना, भूत सवार होना आदि ये सब है पाखंड; और 21 लाख की है ज़ाहिर चुनौती। इस मंत्र में बताए गए सभी कार्य अन्धविश्वास हैं और इनका मुक़ाबला करना चतुःसूत्री का पहला सूत्र है।

दूसरा सूत्र : वैज्ञानिक दृष्टिकोण का विचार, प्रसार तथा आचरण करना। इसके लिए अंनिस सभी स्तरों पर कार्य करती है। उदाहरणार्थ, अंनिस ने बड़ी संख्या में अध्यापकों के शिविर लिए हैं। उसके द्वारा ढाई-तीन लाख छात्रों को प्रशिक्षा दी है। घूमते नभांगण और नभोमंडल जैसे उपक्रम लिए हैं।

तीसरा सूत्र : धर्म की कृतिशील, विधायक तथा कठोर समीक्षा करना। मुझे स्वयं ऐसा लगता है कि आज महाराष्ट्र में धर्म की कृतिशील समीक्षा करनेवाला अंनिस ही एकमात्र आन्दोलन है। उदाहरणार्थ, महाराष्ट्र में हर साल साधारणतया एक-डेढ़ करोड़ गणेश मूर्तियों की प्रतिष्ठा की जाती है। वे प्लास्टर ऑफ़ पैरिस की बनी रहती हैं। वे पानी में नहीं समातीं। उसके रासायनिक रंग के पिघलने पर पानी में प्रदूषण होता है। यह धर्म समीक्षा है। इक्कीसवीं सदी में भी शनिशिंगणापुर के चबूतरे और कोल्हापुर के महालक्ष्मी मन्दिर में स्त्रियों को प्रवेश क्यों नहीं है? यह भी धर्म समीक्षा है। महाराष्ट्र की तीन-चार हज़ार मेला-यात्राओं में कुल पाँच-छह लाख बकरों की बलि दी जाती है। उन्हें किस तरह रोका जाए? यह धर्म समीक्षा है। आज विज्ञान इतना उन्नत है फिर भी अन्तरजातीय विवाह क्यों नहीं होते? यह धर्म समीक्षा विधायक तथा कृतिशील पद्धति से करना अंनिस का तीसरा सूत्र है।

चौथा सूत्र : व्यापक परिवर्तन के आन्दोलन से अपने आप को जोड़ना। 'केवल अन्धविश्वास उन्मूलन ही समाज परिवर्तन है' ऐसा मानकर यह आन्दोलन सफल नहीं होगा। उसे व्यापक समाज परिवर्तन के साथ जोड़ना होगा। व्यापक समाज परिवर्तन के लिए अन्धविश्वास उन्मूलन का आन्दोलन उपयोगी सिद्ध होगा।

आपने अभी वैज्ञानिक दृष्टिकोण और अंनिस की चतुःसूत्री बताई लेकिन कई लोगों के मन में विश्वास और अन्धविश्वास के प्रति संभ्रम रहता है। कई लोगों को लगता है कि, विश्वास अन्धा नहीं हो सकता। आप और अंनिस विश्वास और अन्धविश्वास में निश्चित अन्तर कौन सा मानते हैं?

आपने यह अच्छा प्रश्न पूछा। कुछ लोगों को लगता है कि, हर विश्वास ही अन्धविश्वास है। दूसरों को लगता है, विश्वास कभी भी अन्धविश्वास नहीं होता। तीसरे बताते हैं कि विश्वास और अन्धविश्वास अलग-अलग है। चौथे बताते हैं कि विश्वास और अन्धविश्वास में बिल्कुल सूक्ष्म अन्तर है। ये सभी विश्वास और अन्धविश्वास की व्याख्या न कर, केवल टीका-टिप्पणी करते हैं। इसके स्पष्टीकरण के लिए हम तीन शब्दों का आधार लेंगे—विश्वास, अन्धविश्वास और श्रद्धा।

मैंने यदि ऐसा कहा कि मेरी श्रद्धा है कि यह ध्वनिक्षेपक मेरी आवाज़ आप तक पहुँचाएगा। इस पर आप कहेंगे कि यदि इस हॉल की बिजली खंडित हुई, पर्यायी व्यवस्था नहीं मिली तो आपके श्रद्धा से झुककर नमस्कार करने पर भी ध्वनिक्षेपक आप की आवाज़ हम तक नहीं पहुँचाएगा। इसमें कार्यकारण भाव स्पष्ट है। इसे हम 'विश्वास' कहते हैं।

अन्धविश्वास कार्यकारण भाव के अभाव तथा मानसिक ग़ुलामी से पवित्र बने शोषण का प्रभाव है। अन्धविश्वास की असल भयावहता यह है कि कार्यकारण भाव स्पष्ट होकर भी मानसिक ग़ुलामी के कारण लोग उस शोषण को पवित्र बनाते हैं। उदाहरणार्थ, एकाध लड़की जब घर आकर बताती है कि 'मैंने अपनी शादी तय की है। मेरा होनेवाला पति दूसरी जाति का है' तो विज्ञान की उपाधि प्राप्त उसका प्राध्यापक पिता कहेगा, 'बेटी, तूने ये क्या किया? पूरे ख़ानदान की इज़्ज़त मिट्टी में मिला दी।' वह उन्हें यदि कहे कि 'बाबा, आप को पता नहीं कि सम्भवत: सभी लोगों के जीनोम का पैटर्न एक ही है'

तो उस पिता के पास इसका उत्तर नहीं है। क्योंकि मानसिक ग़ुलामी बताती है कि कुछ जातियाँ उच्च तथा कुछ नीच रहती है। ऐसा बताने में पवित्रता प्राप्त है। इसी कारण आज भी अन्तरजातीय विवाह को कड़ा विरोध होता है। याने अन्धविश्वास में शोषण रहता है।

फिर श्रद्धा क्या है? 'उत्कटता से कृतिशील बनी विवेकशक्ति।' दोस्तो, यह परिभाषा न्यायमूर्ति रानडे जी की है। श्रद्धा की पहली शर्त 'उत्कटता' है क्योंकि हम सभी भावनाप्रधान हैं। हमारे मस्तिष्क के दो-तिहाई मिडब्रेन में भावना पनपती है। याने जैविक दृष्टि से हम भावनाप्रधान है। श्रद्धा की दूसरी विशेषता है—कृतिशीलता। श्रद्धा कृतिशील ही रहती है। 'मानवी मूल्यविवेक की अवनति करना' उसकी सबसे महत्त्वपूर्ण विशेषता है। इसके विपरीत 'मानवी मूल्यविवेक अवनत करना' अन्धश्रद्धा की विशेषता है। उदाहरणार्थ, मेरी गली का एक गुंडा सभी को सताता है। मैं यदि उससे झगड़ा मोल लेने की सोचता हूँ तो सभी मुझे बताएँगे कि 'अरे, आप क्या पागल हैं? आप को पता नहीं, उसके पास माफ़िया के साथ मनी पावर भी है। पुलिस से उसके रिश्ते हैं। नेता तथा जनसंचार माध्यमों से उसके नज़दीकी सम्बन्ध हैं। आप उसका विरोध क्यों करते हैं? इस पर मैंने कहा कि 'यह सब मैं जानता हूँ, फिर भी मेरी श्रद्धा है कि अन्तिम विजय सत्य की ही होती है। या मेरी श्रद्धा है कि ईश्वर की कृपा से अन्तिम विजय सत्य की ही होगी।' ईश्वर की कृपा होती है या नहीं पता नहीं।

"मैं धार्मिक हूँ इसलिए ईश्वर के प्रेम तथा डर से नैतिकतापूर्ण आचरण करता हूँ, ऐसा कहनेवाला एकाध व्यक्ति इस देश में मिला तो उससे मन से हाथ मिलाकर गले लगाने के लिए मैं तैयार हूँ।"

अन्तिम विजय सत्य की ही हुई है, ऐसा कोई इतिहास नहीं। लेकिन उस गुंडे से लड़ने के लिए जो शक्ति प्राप्त करनी है, उसके लिए मैं कहता हूँ कि 'अन्तिम विजय सत्य की ही होगी।' क्योंकि मेरा मूल्यविवेक मुझे यही बताता है। इसी कारण मूल्यविवेक, कृतिशीलता और भावनाप्रधानता श्रद्धा की विशेषताएँ रहती हैं। इसे हम सही तरीके से समझेंगे तो विश्वास और अन्धविश्वास के बीच का असली अन्तर हम निश्चित तौर पर समझ सकेंगे।

पहले तीन प्रश्नों के उत्तरों से अंनिस की भूमिका का अन्दाज़ा हमें आ रहा है। अब एक मूलभूत प्रश्न, जिसका मुक़ाबला जीवन के शुरुआती दिनों में हम सभी ने किया है। वो है—भूत। भूत क्या है? वह असल में होता है क्या? इन प्रश्नों ने हर एक को कभी न कभी सताया है। इस बारे में आप की भूमिका क्या है?

हमारी भूमिका है कि विश्व में कहीं भी भूत नहीं रहता, वह रहता है हमारे मन में। कई लोग पूछते हैं कि, भूत नकली होता है? इसका उत्तर 'हाँ' है। भूत नकली है। लेकिन तुम्हें जो लगा उसके असली होने की सम्भावनाएँ रहती हैं। याने, भूत डर, भ्रम और आभास का है।

डर का भूत हम समझ सकते हैं। समझ लीजिए कि कोई एक जर्जर पुरानी हवेली है, जहाँ स्मगलिंग चलती है। वहाँ भूत होने की अफ़वाह फैलाई तो सम्भावना यह है कि, उसकी स्मगलिंग अच्छी तरह से चलती रहेगी। इसी कारण वे भूत के डर का उपयोग करते हैं।

लेकिन आभास का भूत क्या है? एक बार मैं और मेरा मित्र रात के बारह बजे श्मशान के रास्ते से जा रहे थे। हम श्मशान से दूरी पर थे। मित्र को एक सफ़ेद आकृति यहाँ से वहाँ तथा वहाँ से यहाँ जाती हुई दिखाई दी। मित्र स्कूटर पर मेरे पीछे बैठा था। उसने कुछ नहीं कहा। थोड़े समय बाद मुझे भी वह दिखाई दी। मैंने उससे कहा, 'अरे, तुमने कुछ देखा?' उसने कहा, 'मैंने तो थोड़ी देर पहले ही देखा है।' रात्रि के समय जब श्मशान के पास एक सफ़ेद आकृति यहाँ से वहाँ और वहाँ से यहाँ जाती देख दो ही सम्भावनाएँ बचती हैं। एक, जल्दी-जल्दी स्कूटर की रफ़्तार बढ़ाकर यहाँ से निकलना। दो, वहाँ जाकर देखना। हमने नज़दीक जाकर देखा। समझ में आया कि, श्मशान के पास मदारी का टाट था। दोनों दिशाओं में बाँधी काठियों पर सफ़ेद साड़ी की एक लड़की डोर पर चलने की कसरत कर रही थी। इसे यदि हम नहीं देखते तो हवा में यहाँ से वहाँ और वहाँ से यहाँ जानेवाली सफ़ेद साड़ी की औरत दूर से हमें भूत ही लगती। यह आभास है।

अब भ्रम क्या है? मनोजन्य बीमारियाँ दो प्रकार की होती हैं। उदाहरणार्थ, एक आदमी कल तक ठीक से बोल रहा था। आज अचानक उसका चेहरा और आवाज़ बदल गई। वह आँखें मिचकाने लगा, चुटकियाँ बजाने लगा, स्वयं के इर्द-गिर्द चक्कर काटने लगा और दूसरे दिन स्वस्थ रहा। उस सन्दर्भ में मन में पहली आशंका आती है कि, कल इसे भूत बाधा हुई थी और आज इसकी

बाधा दूर हुई है। क्योंकि मन के अचानक बीमार पड़ने और उतनी ही तत्परता से स्वस्थ होने की बात हमें पता नहीं होती। कुछ समय पहले मैंने आपको सफ़ेद भूत का उदाहरण दिया था। वह इंद्रियजन्य भ्रम था। मनोजन्य भ्रम अलग होता है। सामने कुछ भी न होकर हमें कुछ नज़र आता है। सफ़ेद, जर्जर वृद्धा खड़ी है, ऐसा प्रतीत होता है। हमारे नज़दीक कोई नहीं बोलता, फिर भी कोई कान में बुदबुदाता हुआ प्रतीत होता है। इर्द-गिर्द कोई गंध नहीं होती, फिर भी सड़े हुए कचरे की बदबू आती है। इन सभी बातों को hallucination या मनोभ्रम कहते हैं। लेकिन इसकी जानकारी न होने के कारण, एकाध व्यक्ति के विचित्र बर्ताव करने पर, उसके भूत बाधा होने की आशंका मन में पैदा होती है। एक बार टीवी पर मेरा फोन कॉल लेना शुरू था। उसी समय टीवी पर भूत की तसवीरें भी दिखा रहे थे। दिल्ली से फोन कनेक्ट होकर वहाँ के ऐंकर ने पूछा, 'हमारे साथ डॉ. दाभोलकर हैं, हम उन्हें भूत की सारी तसवीरें दिखा रहे हैं। डॉक्टर, इस बारे में आप की राय क्या है?' उस समय मैंने ज़ोर से कहाँ, 'It is a fraud.' उन्हें इसकी अपेक्षा न थी। वे कहने लगे, 'नहीं-नहीं, हम कोई फ्रॉड नहीं करते।' मैंने ज़ोर से कहा, 'आप फ्रॉड ही करते हैं।' उन्होंने कहाँ, 'नहीं-नहीं, हमने बड़ी मेहनत से भूत की तसवीरें प्राप्त की हैं।' मैंने प्रश्न किया, 'आपने भूत की जो तसवीरें प्राप्त की हैं उन्हें जाँचने के लिए क्यों नहीं दिया? आपने कहाँ जाँच की, ये तसवीरें कैसे प्राप्त कीं, क्या इसकी जानकारी दी? दोस्तो, जब भूत होने की बात बताई जाती है, उस समय वह डर, भ्रम या आभास रहता है या माध्यमों की बदमाशी।

भूत देखने का दावा कई लोग करते हैं लेकिन वे दूसरों को दिखा नहीं सकते। 'मेरे दोस्त ने देखा, उसे दिखाया' तक की चर्चा रहती है। यह बात सच है कि सार्वजनिक रूप में या बड़े समूह को भूत दिखाने का दावा अब तक किसी ने नहीं किया है। लेकिन हम सभी ने देखा तथा अनुभव किया है कि, कुछ लोगों के शरीर में देवी सवार होती है। इस बारे में आप क्या कहेंगे?

दरअसल 'देवी सवार होना' इस विषय पर मुझे आधे घंटे का व्याख्यान देना पड़ेगा। लेकिन मैं आपको मात्र पाँच मिनट में समझाता हूँ। मेरे सामने घड़ी रखी है, इस कारण मैं हर प्रश्न का उत्तर देते समय, समय और उत्तर को

एक-एक शब्द में आज़माने का प्रयास करता हूँ। ध्यान दीजिए, देवी सवार होने के चार प्रकार हैं—एक है ढोंग, दूसरा सम्मोहन, तीसरा पारम्परिक वर्तन (Culturaly sanctioned behaviour) और चौथा प्रासंगिक मनोविघटन। इस तरीके से बताने पर आप नहीं समझेंगे। थोड़ी आसान भाषा में बताता हूँ।

हमारे मन के दो हिस्से रहते हैं। एक बाह्यमन तथा दूसरा अन्तर्मन। अब मेरा बाह्यमन आपके बाह्यमन से संवाद कर रहा है लेकिन आपके अन्तर्मन में कुछ और ही चल रहा है। उसी समय मेरे अन्तर्मन में भी कुछ और चल रहा है।

हमारा अन्तर्मन गोदाम की तरह होता है। जैसे किसी बड़े गोदाम में सामान खचाखच भरा होता है, वैसे अपने जीवन के दुख, व्यथा, पीड़ा, वैफल्य आदि को हम अन्तर्मन में रखते हैं। एक हलका तथा छोटा उदाहरण देता हूँ। आप सभी स्त्री-पुरुष मुझे प्रामाणिकता से उत्तर दें कि, शादी के पहले आपको जैसी बीबी, या जैसा पति चाहिए था, वैसा मिला क्या? सभी हँसे। आप की हँसी सब कुछ बताती है। हर एक को राजकुमार या राजकुमारी चाहिए होती है। वास्तविक जीवन में पमी, यमी, ठमी से शादी करनी पड़ती है। अब उस राजकुमार या राजकुमारी का क्या हुआ? आप उसे अन्तर्मन के गोदाम में फेंककर कहते हैं कि 'इस जनम में सम्भव नहीं हुआ तो अगले जनम में देखेंगे।' यह गोदाम तब तक ठीक रहता है जब तक उसमें उचित मात्रा में माल हो। यदि हमेशा माल आता रहा तो वह खिड़की या छप्पर के जाल से बाहर निकलता है, इससे गोदाम अस्तव्यस्त हो जाता है। यदि गोदाम साफ़-सुथरा लगाया है, लेकिन कीपर ने शराब पी, उसे नींद आई, ऐसे समय गोदाम की जो अवस्था होती है, वही मनुष्य मन की भी। इसी कारण आप का मन स्वस्थ है। इसका मतलब है आप के बाह्य और अन्तर्मन की सुसंगति अच्छी है।

ऐसे में जब स्त्री या बुवा-बाबा पर भूत सवार होता है, उस समय क्या होता है? पहली बात, यह ढोंग होता है। इसके कई उदाहरण हमारे आसपास दिखाई देते हैं। आप उसे जाँच भी सकेंगे। लेकिन आज मैं ढोंग की ज़्यादा चर्चा नहीं करूँगा। वह आन्दोलन का मुद्दा है। हम वैचारिक चर्चा कर रहे हैं।

दूसरा है, सम्मोहन। जिस समय आप में से हर कोई स्वयं अपनायी गई सूचनाओं के आधार पर सम्मोहन की अवस्था में पहुँचता है, उस समय आप में से हर एक के शरीर में आप का कुल देवता प्रविष्ट होता है। आप केवल दस मिनट तक मेरी सूचनाओं को अपनाएँ, ग्यारहवें मिनट में आपको देवी दिखाई

देगी जिसे आप नमस्कार करेंगे। इसका वीडियो शूट कर मैं आपको दिखा सकता हूँ क्योंकि यह मन की सम्मोहन अवस्था है।

"मनुष्य नीति और विवेक से आचरण करे, ऐसी भूमिकावाले आन्दोलन में मैं कार्यरत हूँ। लेकिन जो कोई धर्म के नाम पर नीतिपूर्ण आचरण करते होंगे, हम उनका पूरा आदर करते हैं।"

तीसरा है, पारम्परिक मान्यताप्राप्त वर्तन। अष्टमी, अमावस या गाँव के मेले में दिखाई देनेवाला अभुआना भी सम्मोहन ही है। इसे विशिष्ट परम्परा से Culturaly sanctioned behaviour के रूप में जोड़ा जाता है। सबसे महत्त्वपूर्ण बात, अभुआना प्रासंगिक मनोविघटन है। इसका अंनिस के आन्दोलन से घनिष्ठ सम्बन्ध है। मतलब, आपने इस बात पर कभी विचार किया है कि इस देश में मुख्यत: औरतें को ही भूत क्यों लगता है? क्या औरतें देवी के राज्य में पाप्युलर हैं? या देवी ने ऐसा तय किया है कि हम केवल स्त्रियों का ही शरीर धारण करेंगे? आप समझ लीजिए, इसका सरल कारण यह है कि 'यदि बाँध पानी से लबालब भरा है और उसमें और पानी समाने की क्षमता नहीं है तो बाँध के दरवाज़े खोलने पड़ते हैं, अन्यथा दबाव से बाँध टूटता है। इस देश में ऐसी व्यवस्था है कि, स्त्री के मन के दुख का बाँध जल्दी भरे। ऐसा नहीं होता तो क्या, भ्रूणहत्या रोकने के लिए मैग्रम ओपस को काम करना पड़ता? याने स्त्री के मन के दुख का बाँध भरने पर उसके अन्तर्मन के दरवाज़े खुल जाते हैं और वह कुछ समय के लिए दूसरे रोल में प्रवेश करती है। आप कृपया समझ लें कि वह असली नाटक होता है। यह स्वयं के दुख का निकास करने के लिए स्त्री द्वारा अबोध मन के स्तर पर अपनाया गया मार्ग है। इसलिए हम कार्यकर्ताओं को हमेशा बताते रहते हैं कि 'उसका यह रास्ता ग़लत है लेकिन उसके अज्ञान या समाज के प्रभाव ने इसे उस पर थोप दिया है।'

इसी कारण अंनिस की कार्यपद्धति का मुख्य सूत्र है—'अपने कार्य में क्रोध की अपेक्षा करुणा और उपहास की अपेक्षा अपनेपन की मात्रा अधिक ज़रूरी है। इसका एहसास अनिवार्य है। इस एहसास से ही आप अधिक सहानुभूति से, कृतिशीलता से उचित उत्तर देने की दिशा में बोल सकेंगे।

अब तक के पाँच प्रश्नों के जो उत्तर आपने दिए या उनका विवेचन किया, उससे यह प्रतीत होता है कि चमत्कार का कोई अस्तित्व नहीं होता। विश्व में किसी भी प्रकार के चमत्कार के न होने की बात आपके कार्यकर्ता यक़ीनन बताते हैं। प्रश्न यह है कि, आपका और आपके कार्यकर्ताओं का यह विश्वास किस आधार पर टिका है?

देखिए, सीधी बात है। यदि मैंने कहा कि, जहाँ उजाला है वहाँ अँधेरा नहीं होता और जहाँ अँधेरा है वहाँ उजाला नहीं होता तो क्या आप मुझसे यह कहेंगे कि 'दाभोलकर, आप इतने यक़ीन के साथ कैसे कह सकते हैं?' वैज्ञानिक दृष्टिकोण का अर्थ है—कार्यकारण भाव को समझना। चमत्कार का अर्थ है—कार्यकारण भाव का अभाव। मतलब एकाध जादूगर ख़ाली हैट दिखाकर उससे जीवित खरगोश निकालता है। या कोई साधु बाबा ख़ाली हाथ घुमाकर उससे भस्म निकालता है। लेकिन कार्यक्रम ख़त्म होने पर जादूगर के पैर पकड़कर आप उससे कहते हैं कि 'आपने ख़ाली हैट से खरगोश निकाला, अब ख़ाली हैट से मेरी कल की परीक्षा का प्रश्नपत्र भी निकाल दो?' आप ऐसा नहीं करते, क्योंकि वह बेचारा जादूगर पेट भरने के लिए यह करता है। बाबा का चमत्कार मात्र दैवी शक्ति का आविष्कार समझते हैं। ठीक है। तो यह बात बिल्कुल सच है कि अब तक कोई चमत्कार को साबित नहीं कर पाया। क्या आप इसका कारण जानते हैं? चमत्कार सिद्ध करने की कल्पना ही अन्तर्विसंगत है। मूलतः चमत्कार सिद्ध होने की बात आप जानते हैं? एक बात आप कभी कर नहीं सकते, क्योंकि उसे करने से वह चमत्कार सिद्ध होगी। आप कितने बजे गहरी नींद में सोए, इसे अपने हाथों से लिखना है। यदि आपने उसे अपने हाथों से लिखा तो इसका अर्थ है, आप गहरी नींद में सोए नहीं थे। और गहरी नींद सोए थे तो स्वयं लिख नहीं सकेंगे। चमत्कार ऐसा है। हमारे यहाँ लोगों को सन्तों के चमत्कार के प्रति बड़ा आदर है। इसके विपरीत बोलना उन्हें अच्छा नहीं लगता। मेरी बात छोड़ दीजिए, तुकडोजी महाराज जिनका नाम एक विश्वविद्यालय को दिया है। वे कहते हैं—

'चमत्कार को अपनाकर, कई हुए बरबाद।
अब इसके आगे सन्त चमत्कार का वर्णन न करो सज्जनो।
लोगों की भावनाओं को पहचान कई ढोंगी आए गाँव।
लूटते हैं जनता को ढोंगी बाबा।

इसके पश्चात लोग क्या करते हैं?
प्रयत्न का रास्ता छोड़कर, अल्प प्रयास से ही लाभ की इच्छा रखते।
चमत्कार के झूठ में बहकर।'

अर्थात चमत्कार लोगों को प्रयत्नवाद से विचलित करते हैं, यह बहुत चिन्तनीय है।

लेकिन हम सभी को पता है कि, महाराष्ट्र के कोने-कोने में ऐसे कई बाबा तथा बुवा हैं जो चमत्कार करने का दावा करते हैं। उनके कार्यकर्ता या भक्त 'हाँ, हमने चमत्कार देखा है' का दावा करते हैं। किसी ने ऐसी चुनौती आपके सामने रखी तो क्या आप उसे स्वीकारेंगे?

आप यह जानते होंगे कि एक महाराज कई सारे चमत्कार करने का दावा करते थे। उनके लीलामृत ग्रंथ में भी यह लिखा था। उनका नाम मैं इसलिए नहीं लेता क्योंकि उनका नाम लेना मतलब मुझे अपना नाम लेना पड़ता है। मैं इस महाराज से मिलने नाणीज गया। उनकी और मेरी आमने-सामने चर्चा हुई। उस चर्चा की 20 मिनटों की फिल्म उपलब्ध है। किसी भी चमत्कार के न होने की बात उन्होंने कबूल की है। मैंने एक जगह पर कहा था कि 'चमत्कार करनेवाले मनुष्य को हम 21 लाख की चुनौती देते हैं।' एक पत्रकार ने खड़े होकर पूछा, 'क्या आप के पास 21 लाख रुपए हैं?' मैंने कहा, 'आप क्यों हँसे? आप को लगा होगा कि ग़रीब आदमी है, इसके पास कहाँ से आएँगे 21 लाख?' जबकि वस्तुस्थिति अलग थी। जब हमने चमत्कार सिद्ध करने की चुनौती दी थी, वह एक लाख रुपए की थी, जो हमारे पास नहीं थे। इसी कारण यदि किसी ने चुनौती अपनाई होती तब दाभोलकर अपना घर बैंक के पास गिरवी रखते। बैंक प्रमाणपत्र देता कि 'दाभोलकर के घर की क़ीमत एक लाख रुपए है। चुनौती पूर्ण हुई तो दाभोलकर के घर पर क़ब्ज़ा कर उस आदमी को एक लाख रुपए दिए जाएँगे।' बाद में जैसे-जैसे आन्दोलन की शक्ति बढ़ी, हमने चुनौती की राशि 5 लाख, बाद में 11 लाख की। अब यह चुनौती राशि 21 लाख रुपए की हुई है। लेकिन अब तक एक भी व्यक्ति इस चुनौती को नहीं निभा सका है। इसके लिए हमारी एक समिति है। उसमें प्रतापराव पवार, एन. डी. पाटील, वरिष्ठ वैज्ञानिक वसन्त गोवारीकर, अभिनेता डॉ. श्रीराम लागू आदि शामिल हैं। मुझे उन तक पहुँचने

का कष्ट आज तक उठाना नहीं पड़ा। जिन्होंने भी इस चुनौती को स्वीकारा है, सभी हारे हैं। अब जिन बाबा-बुवाओं को 21 लाख रुपये चाहिए, उनके लिए यह सुनहरा अवसर है। वे इस साक्षात्कार की सीडी देखकर चमत्कार दिखाने के लिए ज़रूर आगे आएँ।

अब ऐसा एक प्रश्न, जो फलज्योतिष से सम्बन्धित है। ऐसा दावा किया जाता है कि, इस देश में फलज्योतिष का दो हज़ार वर्षों का इतिहास है। और आप बताते हैं कि, फलज्योतिष शास्त्र नहीं है। आप यह किस आधार पर कहते हैं?

कोई चीज़ शास्त्र है या नहीं, इसे प्रमाणित करने के लिए विश्व स्तर पर सर्वमान्य कुछ कसौटियाँ होती हैं। क्या है वे कसौटियाँ? पहले परिकल्पना या hypothesis प्रस्तुत कर उन्हें प्रमाणित करना पड़ता है। तदोपरांत वह सिद्धान्त में रूपांतरित होता है। इसी कारण आपने किसी भी ज्योतिष से पूछा कि 'फलज्योतिष का संभाव्यता क्या है?' तो वह आपको नहीं बताएगा। मैं बताता हूँ—

1. आकाशस्थ ग्रहगोल के मानवी जीवन पर हमेशा और अविकल परिणाम होते रहते हैं।
2. ये परिणाम आपके जन्म समय पर निर्भर होते हैं।
3. इस आधार पर आपका भविष्य 0तय होता है तथा बदलता भी है।

"बाबा-बुवा को आधार देनेवाली व्यवस्था पाँच हज़ार सालों की है। इतने सालों में लोगों के दिमाग़ में अन्धविश्वास ने जड़ें मजबूत की हैं। केवल पच्चीस सालों में और सर्वस्वी प्रतिकूल परिस्थिति में हम उसे नहीं उखाड़ सकते।"

यह भी एक घंटे के व्याख्यान का विषय है, जिसे मैं केवल दो मिनट में आपको समझाता हूँ।

कुछ समय के लिए हम यह स्वीकारते हैं कि, आकाशस्थ ग्रहगोल के मानवी जीवन पर परिणाम होते हैं। समझ लीजिए कि मुझे बुख़ार आया है। मैंने पाँच औषधियों का अर्क लिया जिससे बुख़ार चला गया। अब उन पाँच औषधियों में से किस औषधि से बुख़ार कम हुआ, इसका पता नहीं चलेगा।

इसकी जानकारी के लिए मुझे हर औषधि अलग-अलग लेनी पड़ेगी। इसी आधार पर मेरे ऊपर गुरु या शनि का कौन सा प्रभाव होता है, यह बताते समय ज्योतिषियों को बाक़ी ग्रहों के प्रभाव को ढककर जानकारी लेने की व्यवस्था करनी चाहिए। इसके सिवाय उन्हें कैसे पता चला कि, इस ग्रह का प्रभाव ऐसा, उसका वैसा? इसके सिवाय अरबों दूरी पर रहनेवाली राशि तथा ग्रहों का प्रभाव कैसा, वे बता नहीं सकते।

दूसरी संभाव्यता, जो जन्म समय पर निर्भर होती है। अब तक फलज्योतिष की किसी भी प्रस्तुति में जन्म का समय बताया नहीं गया। क्योंकि जन्म का समय कौन सा निश्चित करें और वही क्यों निश्चित करें? मैं डॉक्टर हूँ इसलिए यह जानता हूँ। स्त्री शरीर में पुरुष बीज के प्रवेश करने के 24 या 48 घंटों में स्त्री की गर्भनलिका में स्त्री बीज और पुरुष बीज का मिलन होता है। इससे नए विश्व की, नए जीव की पहली पेशी 'एम्ब्रिजो' तैयार होती है। लेकिन क्या यह समय आपको पता होता है? और यह मेरा नहीं बल्कि महात्मा फुले जी का आरग्युमेंट है। याने आप जन्म समय कैसे तय करते हैं? और यदि आपने यही कहा कि 'जन्म का समय ही जन्म समय है।' तो फिर अरबों मीलों से 10-10 मंज़िला इमारतों के ऊपर से आनेवाली किरनें स्त्री के चार इंच मोटे पेट के पास अटक जाती हैं? उन्हें अन्दर प्रवेश नहीं। डिलीवरी के बाद ही उनका प्रभाव शुरू। ऐसा कभी होता है?

अब तीसरी संभाव्यता, इससे नसीब खुलता है और बदलता भी। यह सबसे बड़ा आक्षेप का हिस्सा है। समझ लीजिए कि, यहाँ तीन टेबुल रखे हैं। एक पर पुणे के सबसे ग़रीब मज़दूर की बेटी, दूसरे पर पुणे के सबसे अमीर व्यापारी की बेटी तथा तीसरे पर भारत के सबसे अमीर व्यक्ति अंबानी की बेटी को सुलाया है। तीनों ने गर्भावस्था के नौ महीने पूरे किए हैं। एक ही समय, एक सेकंड में सीजेरियन ऑपरेशन से तीनों बच्चों का जन्म हुआ, तो क्या तीनों बच्चों का भविष्य एक ही होगा? नहीं, बेचारी मज़दूर की बेटी अपने बच्चे को सँभालते हुए मज़दूरी के लिए निकलेगी, क्योंकि उसके सिवाय और कुछ तो वह करेगी नहीं। यहाँ का अमीर व्यापारी दसवें दिन आलीशान गाड़ी से अपनी बेटी को घर ले जाएगा। और यहाँ हेलिकॉप्टर (उड़नखटोला) कैसे उतरेगा, इसकी जांच अंबानी करेगा। याने मनुष्य का भविष्य ग्रह-गोल की गति पर नहीं बल्कि समाजस्थिति पर तय होता है। ध्यान दीजिए कि, दो

हज़ार वर्षों तक इस देश की औरतों की कुंडली में शिक्षा का योग नहीं था। और सावित्रीबाई फुले के जन्म से कितनी तेज़ी से योग बदल गए? अन्ततः भविष्यशास्त्र नहीं है। यह मनुष्य को परिवर्तन करने से रोकता है, इसलिए इसके ख़िलाफ़ हमारा संघर्ष है।

कुछ समय पहले एक प्रश्न के उत्तर में आप सम्मोहन के बारे में बता रहे थे। उससे सम्बन्धित कई कार्यक्रम होते हैं। उनमें यह दावा किया जाता है कि, सम्मोहन में अद्‌भुत शक्ति है जिसका व्यक्तित्व विकास में लाभ होता है। उससे कई बीमारियों से निजात मिलती है आदि...लेकिन आपके अभी के विवेचन से पता चलता है कि, सम्मोहन में अद्‌भुत शक्ति होने की बात आपको मान्य नहीं। तो फिर सम्मोहन क्या है?

आजकल सम्मोहन से सम्बन्धित पूरे पन्ने भर जिनके विज्ञापन होते हैं उनसे नाशिक के मंच पर चर्चा की। सम्मोहन में तिल मात्र भी अद्‌भुत शक्ति न होने की बात उनसे कबूल करवाई। सम्मोहन मन की सामान्य अवस्था होती है। जागृति, नींद, स्वप्न, बेहोशी के समान सम्मोहन भी साधारण अवस्था है। सरल भाषा में कहें तो, सम्मोहन सूचनाओं से जोड़ी गई तल्लीनता है। सम्मोहन में ऐसी कोई भी बात घटित नहीं होती, जो केवल उससे घटित होती है और अन्य बातों से नहीं। सम्मोहन में घटित हर बात अन्य पद्धति से भी सम्भव है। सम्मोहन के खुले कार्यक्रमों पर कई देशों में पाबन्दी है। क्योंकि इनसे लोगों में भ्रम पैदा होता है। सम्मोहन से स्मृतिक्षमता का विस्तार नहीं होता। हमारा सम्मोहन शास्त्रीय है, हम डॉक्टर हैं, जैसे दावों में सत्यता नहीं होती। अब तक सम्मोहन का प्रयोग करनेवाला कोई डॉक्टर बना है, इसकी जानकारी मुझे तो नहीं। सम्मोहन करने की अनुमति किसे दी है? केंद्र शासन का मानना है कि 'मानद उपाधि रखनेवाला व्यक्ति पूरक या दोयम रूप में सम्मोहन का प्रयोग कर सकेगा।' आजकल के सम्मोहन प्रचारकों में से कोई भी व्यक्ति मान्यताप्राप्त उपाधिधारक नहीं है। जो अपने नाम के साथ डॉक्टर लगाते हैं, वे नेचरोपैथी के डॉक्टर हैं। उन्हें मान्यताप्राप्त उपाधि नहीं है। मैं यह सब ज़िम्मेदारी से तथा अंनिस के कार्यकर्ता के रूप में बोल रहा हूँ। उनकी प्रशिक्षा मान्यताप्राप्त नहीं है। इसी कारण सम्मोहन

एक प्रकार की भुलभुलैया है। उसके कारण अन्धविश्वास पनपता है, यह वास्तविकता है।

सम्मोहन के बारे में समाचार-पत्रों तथा अन्य साधनों से जो खुले दावे या विज्ञापन दिए जाते हैं, उसी प्रकार के विज्ञापन वास्तुशास्त्र के बारे में भी दिए जाते हैं। या 'वास्तुशास्त्र के आधार पर उचित बदलाव करने से वह वास्तु हमारे लिए लाभदायक बना' जैसी बातें बोली जाती हैं। इसके लिए सलाह दी जाती है। यह काम व्यावसायिक रूप में भी किया जाता है। ये सारे लोग धोखा देते हैं, ऐसा आप मानते हैं?

थोड़ा समझ लीजिए। हम वास्तु का निर्माण करते हैं। हमें लगता है कि, वह सुविधाजनक तथा सुरक्षित हो। बिल्कुल सही है। हमें ऐसा भी लगता है कि वह सुखकारक हो। यह भी सही है। लेकिन ये वास्तुशास्त्रज्ञ यहाँ तक नहीं रुकते। उनकी दृष्टि से 'वास्तु लाभदायक होना चाहिए।' उदाहरणार्थ, उस वास्तु में रहने पर 'बेटी को बेटा ही हो।' 'बारहवीं कक्षा में पढ़नेवाले बेटे को बिना डोनेशन एडमिशन मिलें।' 'पति का प्रमोशन हो', 'कोर्ट में चल रहे केस का फ़ैसला हमारे हक़ में हो।' यह सब प्राप्त करने का आसान मार्ग है—'आप अपने घर का दरवाज़ा पूरब दिशा की ओर रखें' इस प्रकार के उपाय बताए जाते हैं। मेरी पुणे में एक वास्तुशास्त्रज्ञ के साथ खुली बहस हुई। उसकी 'वास्तुप्रकाश' किताब बड़े फॉर्म में थी। उस किताब की केवल दो पंक्तियाँ मैं आपको बताता हूँ, जिससे वास्तुशास्त्र के कार्यकारण भाव न होने की बात स्पष्ट हो जाएगी। घर का दरवाज़ा पूरब की ओर होना चाहिए। क्यों? हम कहेंगे कि पूरब में सूर्य निकलता है...आदि। उसका प्रतिपादन ऐसा था...'पूरब की ओर दरवाज़ा हो, क्योंकि पूरब याने अंग्रेज़ी में 'ईस्ट'। अंग्रेज़ी में 'ईस्ट' याने मराठी में 'शुभ'। इसी कारण पूरब की ओर दरवाज़ा रहना 'शुभ' है। पश्चिम की ओर नहीं हो। क्योंकि पश्चिम याने 'वेस्ट'। 'वेस्ट' का अर्थ है—निकम्मा/रद्दी। इसी कारण दरवाज़ा पश्चिम की ओर न रहे। याने वास्तुशास्त्र स्वप्न बेचनेवाली एक कला है और हम में से हर एक को सपने ख़रीदना अच्छा लगता है। इसी कारण फलज्योतिष और वास्तुशास्त्र दोनों एक-दूसरे के भाई है, जो सपने बेचते हैं।

अब तक के दस प्रश्नों से यह समझ में आया कि, सभी प्रकार के गुरुडम को अंनिस का कड़ा विरोध है। यह विरोध किसलिए है और किस प्रकार का है?

आप को पता है बाबा क्या कहता है? 'हे वत्स, तुम्हारा भला किसमें है यह मैं जानता हूँ और इसे तुम नहीं समझोगे यह भी मैं मानता हूँ। इसमें पहले आधे हिस्से पर मेरी कोई आपत्ति नहीं है। क्योंकि मेरी माँ भी ऐसा ही कहती है। लेकिन 'वह तुम नहीं समझोगे, यह भी मैं समझता हूँ' इस हिस्से पर मुझे आपत्ति है।' यह कहते समय वह बाबा मन ही मन कहता है कि 'डरो मत, मैं तुम्हारे साथ हूँ।' आसाराम बापू ने टाइम्स ऑफ़ इंडिया में साक्षात्कार देकर बताया कि, हम बाबा लोग क्या करते हैं।

1. हम अपने भक्त की भौतिक उन्नति करते हैं।
2. हम उनकी तक़दीर बदलते हैं, जीवन को बदलते हैं। जीवन-मृत्यु के फेरे से उन्हें मुक्ति देते हैं।
3. हम उनकी वासना विकारों का अन्त कर उनमें दया, क्षमा, प्रेम, शान्ति जैसी भावनाएँ पैदा करते हैं।

"आज ग़लत विचारों ने लोगों के मन को जकड़ लिया है, उससे बुवा बाबा की संख्या बढ़ गई है। कल यदि विवेकवादी विचारों ने लोगों के मन को जकड़ लिया तो सम्भवतः पाँच हज़ारों सालों की वैचारिक ग़ुलामी की लड़ाई हम पाँच सौ सालों में से जीत जाएँगे।"

लेकिन यह काम तो अब तक ईश्वर करता था। फिर ईश्वर का यह काम आसाराम बापू ने क्यों किया? इसका कारण अवतार कल्पना में है। उससे लोगों को लगता है कि, यह बात सच है। मुझे अब तक 'आप ग़लत काम करते हैं' कहनेवाली एक भी व्यक्ति नहीं मिला। विपरीत लोग बताते हैं, 'डॉक्टर, आप अन्धविश्वास उन्मूलन का काम करते हैं, जो अच्छा है। बुवा तथा बाबा साले हरामज़ादे होते हैं। वे लोगों को फँसाते हैं। स्त्रियों का शोषण करते हैं।' इतना सब कुछ एक ही सांस में बोलकर पुनः कहते हैं कि 'डॉक्टर, सभी बाबा वैसे नहीं होते। हमारा बाबा अवतार है, बाक़ी सभी साले बदमाश।' इस सन्दर्भ में मंगेश पाडगावकर की एक सुंदर कविता है।

उसे बताने पर आप को पता चल जाएगा कि हम इनका विरोध क्यों करते हैं। समर्थ रामदास ने 'दासबोध' लिखा और पाडगावकर ने वर्तमान परिवेश को देखकर जो लिखा उस काव्यसंग्रह का नाम है, 'उदासबोध'। उसमें 'गुरुडम' नाम की एक कविता है।

उसमें लिखा है—

'लोग ख़ाली पेट दुर्बल बने। अन्दर ही अन्दर टूट गए।
अदृश्य दहशत से हैरान। आधार चाहिए।
यहाँ हर एक को चाहिए। कोई सशक्त बुवा।
जो निकालेगा सभी जुआँ। मन की चिंता की।
पहले कहे जय साईं। बाद में अधिकारी रिश्वत खाई।
अभी तक पकड़ा न गया। कृपा बोले बाबा की।
हम खोजेंगे नहीं। हम लड़ेंगे नहीं।
हम जूझेंगे नहीं। जीवन से।
रीढ़ की हड्डी पूरी घिस गई। सरजोरी के आगे सब लाचार।
बेहोश बनाता बाबा का जयकार॥'

याने गुरुडम एक अलग प्रकार का नशा है। उसके ख़िलाफ़ हम तीन बातें करते हैं—एक, खुला संघर्ष। दूसरा, चमत्कार को चुनौती देना। तीसरा, व्यापक और आक्रामक प्रबोधन करना।

सभी प्रकार के गुरुडम का विरोध करते समय अंनिस की कुल भूमिका को ध्यान में रखें तो आप और अंनिस के सभी कार्यकर्ता धर्म को नकारते हैं। लेकिन सामान्य वर्ग को नैतिक जीवनयापन के लिए धर्म की आवश्यकता होती है। आपको ऐसा नहीं लगता कि, आप का यह कड़ा धर्मविरोध समाज के नैतिक जीवनयापन के लिए आवश्यक आधार को छीनता है?

नहीं। 'मैं धार्मिक हूँ इसलिए ईश्वर की भक्ति या डर से नैतिकतापूर्ण आचरण करता हूँ', ऐसा कहनेवाला एकाध व्यक्ति मुझे मिले तो उससे हाथ मिलाकर गले लगाने के लिए मैं तैयार हूँ। जेल में गए 100 प्रतिशत लोग धर्म और ईश्वर को माननेवाले होते हैं। यह कैसे सम्भव है? ईश्वर और धर्म को अपनानेवाले लोग जेल में नहीं होने चाहिए। ईश्वर और धर्म को उन्हें बताना चाहिए कि 'इस

प्रकार के अनैतिक कार्य न करें।' अपने देश में सभी ओर एक ही शिकायत रहती है—'हमारे देश में भ्रष्टाचार के सिवाय कोई भी काम नहीं होता।' ये कैसे? इस देश के 99.99% लोग धार्मिक हैं, फिर भी यह देश भ्रष्टाचार में नम्बर वन। इसका अर्थ है—कुछ ग़लत हो रहा है। यदि लोग धर्म के आधार पर नैतिकतापूर्ण आचरण करते हैं तो अन्धश्रद्धा निर्मूलन समिति उनका आदर करती है। लेकिन हमें लगता है कि, नैतिकतापूर्ण आचरण के लिए स्वयं का विवेक आधार बने। पाठशाला की कक्षा में दो प्रकार की शान्ति होती है। 1. अध्यापक ने समझाया कि 'सभी शान्त रहें तो पढ़ाई अच्छी होती है' या, 2. अध्यापक बहुत मारनेवाले हैं, हंगामा करने पर पीटते हैं, इसलिए चुप रहना अच्छा है। इन दो कारणों से छात्र चुप बैठते हैं। लेकिन इन दो में से अधिक अच्छी चुप्पी कौन सी? पहली या दूसरी? पहली, क्योंकि वह मेरा निर्णय है, मैंने चुप रहना तय किया है। दूसरे विकल्प में मैं पीटनेवाले अध्यापक के डर से शान्त बैठा हूँ। उसका तबादला होने पर मैं हंगामा करने के लिए तैयार। इसी कारण मनुष्य नैतिक तथा विवेकपूर्ण आचरण करें, ऐसी भूमिका रखनेवाले आन्दोलन में मैं कार्य करता हूँ। धर्म के नाम पर नैतिकतापूर्ण आचरण करनेवालों का हम आदर करते हैं।

जिस प्रकार आपने धर्म को ठुकराया है, क्या उसी प्रकार आप ईश्वर के किसी भी रूप को नकारते हैं?

इसी प्रश्न का उत्तर भी विस्तार से देना चाहिए। पहली बात, 'ईश्वर को क्यों नकारते हैं?' यह प्रश्न पूछते समय शायद आपने ईश्वर की व्याख्या नहीं की है। यदि आपने मुझे पूछा होता कि 'विश्व का निर्माता, नियंत्रक, चमत्कार करनेवाले, मन्नत पूरी करनेवाले ईश्वर को आप नकारते हैं?' तो बिना संकोच से मैं कहता कि 'हाँ, उस ईश्वर को मैं नकारता हूँ।' लेकिन आप यदि ऐसे पूछते कि 'गाडगेबाबा की ईश्वर की कल्पना को आप नकारते हैं?' तो मेरा उत्तर 'नहीं' है। शायद आप जानते नहीं कि गाडगेबाबा तीस साल आषाढ़ और कार्तिक की शुक्ल एकादशी को पंढरपुर गए। लेकिन एक बार भी उपवास नहीं रखा और न ही मन्दिर में गए। वे लोगों द्वारा चंद्रभागा नदी के किनारे फैलाई गन्दगी अपनी झाड़ू से साफ़ करते। रात्रि कीर्तन के समय श्रोताओं से पूछते,

'ईश्वर देखा है क्या?' तो लोगों को आश्चर्य होता कि हम उसके दर्शन हेतु तो आए हैं। लोग कहते, 'देखा जी।' बाबा कहते, 'कमाल है। आपने ईश्वर को देखा? आपका ईश्वर रहता कहाँ हैं?' लोगों को लगता कि इन्हें कुछ पता नहीं है। लोग कहते, 'हमारा ईश्वर मन्दिर में रहता है, ईंट पर खड़ा है, उसका रंग साँवला है, उसके हाथ कमर पर हैं।' बाबा कहते, 'कमाल है। आप का ईश्वर मन्दिर में रहता है? मेरा ईश्वर मेरे मन में रहता है।' फिर भी लोग कुछ न समझते। फिर बाबा पूछते कि 'आप का ईश्वर नहाता है या नहीं?' लोग कहते, 'हाँ।' बाबा पूछते, 'तुम्हारे ईश्वर को नहलाता कौन है?' लोग कहते, 'हम।' फिर वे कहते, 'अरे, जिस ईश्वर को स्वयं नहाना नहीं आता, वह तुम्हें तुम्हारे भाग्य की दिशा क्या दिखाएगा!' वे आगे पूछते, 'क्या तुम्हारा ईश्वर धोती पहनता है?' लोग कहते, 'हाँ, हम उन्हें पहनाते हैं।' बाबा कहते, 'अरे, जिसको स्वयं धोती पहननी नहीं आती, वह तुम्हें तुम्हारे नसीब का कपड़ा क्या देगा! बाबा आगे पूछते, 'अपने ईश्वर को भोग, नैवेद्य चढ़ाते हो या नहीं?' लोग कहते, 'चढ़ाते हैं।' बाबा पूछते, 'भोग चढ़ाकर क्या करते हो?' लोग कहते, 'हाथ में लाठी लेकर बैठते हैं।' बाबा पूछते, 'क्यों?' लोग बोलते, 'जब कौआ या कुत्ता उस नैवेद्य को खाने आए तब उसे भगाने के लिए।' बाबा कहते, 'अरे, जिस ईश्वर को स्वयं के नैवेद्य की रक्षा करनी नहीं आती, वह तुम्हारे जीवन की रक्षा क्या करेगा?'

'और दोस्तो', बाबा अन्त में एक मौलिक सवाल पूछते, 'जीता-जागता ईश्वर किसी ने देखा है क्या?' लोग हक्के-बक्के होकर इधर-उधर देखते थे। गाडगेबाबा के नज़दीक एक आदमी खड़ा रहता। झुलसा हुआ चेहरा, सफ़ेद दाढ़ी, शरीर पर खुरदरा खद्दर का कपड़ा, नंगे पाँव। उसकी ओर उँगली कर बाबा कहते, 'अरे, इन भाऊराव पाटील को देखिए। वे हरिजन-मातंग (महाराष्ट्र की पिछड़ी जाति) के बच्चों को शिक्षा देते हैं। उन्हें ईश्वर कहें। गांधी बाबा को देखिए, वे देश की आज़ादी के लिए जीवन को न्योछावर कर रहे हैं। उन्हें ईश्वर कहें। अरे, जो अज्ञानी को शिक्षा दें, बीमार को औषधि दें, बेघर को घर दें, दुखी, पीड़ित की सेवा करें, जानवर से प्रेम करें...ऐसे लोगों में ईश्वर बैठता है। ईश्वर मन्दिर में नहीं, वह रहता है हमारे मन में। मन्दिर में रहता है पुजारी का पेट।'

कुल मिलाकर, आप ईश्वर किसे मानते हैं, इस पर अंनिस का उत्तर निर्भर

है। आपने यदि कहा कि 'नैतिकता का आविष्कार ही हमारा ईश्वर है।' तो मैं कहूँगा, 'मेरा विवेक मुझे आदेश देता है, यदि आप का ईश्वर आपको नैतिकता का आदेश देता है तो मैं उसका स्वागत करता हूँ।'

"ये सभी बाबा जो समाजोपयोगी काम करते हैं, उससे हज़ार गुना ज़्यादा किसी भी राज्य का शासन करता है। लेकिन इस पर आप कहते कि 'शासन क्या एहसान करता है? पैसे तो हमारे ही हैं।' तो फिर बाबा के पैसे किसके हैं?"

अंनिस को ईश्वर और धर्म का आधार मंजूर नहीं लेकिन समाजसुधारकों का मंजूर है। आपके पूरे विवेचन में हमेशा आप समाजसुधारकों की विरासत को बतियाते हैं। अभी-अभी गाडगेबाबा और कर्मवीर भाऊराव पाटील की चर्चा की। इसका कारण क्या है?

महाराष्ट्र के समाजसुधारकों ने शिक्षा, मज़दूर तथा किसानों से सम्बन्धित महत्त्वपूर्ण कार्य किए हैं। हमने उसे मान्यता दी है। लेकिन उनके बुद्धि प्रामाण्यवाद की विरासत को हम पूरी तरह से समझ नहीं पाए। हमारी परम्परा को देखिए। 1823 में लोकहितवादी (गोपाल हरी देशमुख) का जन्म तथा 1973 में प्रबोधनकार ठाकरे की मृत्यु। डेढ़ सौ सालों की अखंड परम्परा है। मेरे संगठन को इससे क्या मिला? महात्मा ज्योतिबा फुले ने प्रश्न पूछा कि

'जप या अनुष्ठान से वर्षा होती। आर्य क्यों मरते जलबिन?

'भट ब्राह्मण की कई स्त्रियाँ बांझ। अनुष्ठान का परिणाम क्यों नहीं?'

यदि जप या अनुष्ठान करने से वर्षा होती तो इसका थोक कॉन्ट्रैक्ट जिनके पास है, वे अकाल में एड़ियाँ रगड़कर क्यों मरें? यहाँ कार्यकारण भाव ख़त्म होता है। न्यायमूर्ति रानडे ने कहा, 'रूढ़ि का प्रभाव नशा लाता है। इससे उचित-अनुचित का फ़ैसला कर नहीं सकते। फिर मनुष्य की बुद्धि निष्क्रिय हो जाती है, और वह उचित कर्तव्य से दूर हट जाता है।' उसके आगे जाकर गोपाल गणेश आगरकर ने कहा, 'लोगो, विचार कलह से क्यों डरते हो? जिस पुणे शहर में आगरकर का जन्म हुआ, उसी पुणे में दाभोलकर के आज के कार्यक्रम में हंगामा हुआ। इसका अर्थ है कि आज भी लोग विचार कलह से डरते हैं।' उन्हें

ऐसा कहना चाहिए था कि 'आज दाभोलकर को बोलने दें, कल हम बोलेंगे।' स्वातंत्र्यवीर सावरकर ने वटसावित्री की पूजा के बारे में क्या कहा था? 'बड़ का पेड़ जब तक जीवित है तब तक नीचे बैठे पथिकों को छाया देगा। लेकिन यही पेड़ जब सूख जाएगा, तब उन्हीं पथिकों पर गिर जाएगा। पथिक को छाया देनी है या उस पर गिरना है यह जो पेड़ नहीं समझता, उस पेड़ की स्वयं की मनोकामना पूर्ति के लिए पूजा करना 'असत्य की पूजा' (सावरकर का शब्द है) है। याने देश का घोषणावाक्य है—'सत्यमेव जयते' लेकिन 'असत्यमेव वर्तते' जैसी हमारी स्थिति है।'

तदुपरांत राजर्षि शाहू महाराज का जन्म हुआ। उन्होंने जातिव्यवस्था के ख़िलाफ़ अत्यधिक कृतिशील संघर्ष किया। डॉ. बाबासाहेब आंबेडकर ने धम्म और धर्म को नैतिकता का विकल्प देने का प्रयास किया। यह सारी विरासत हमें बिल्कुल प्रभावी लगती है। महत्त्वपूर्ण बात यह कि, इनमें से अधिकांश की विरासत कर्तव्यवान सुधारकों की रही है। इन्होंने समाज के सामने जैसे विचार रखें, वैसा आचरण भी किया।

अब हम एक महत्त्वपूर्ण पड़ाव पर हैं। नैतिक जीवनयापन के लिए ईश्वर तथा धर्म की आवश्यकता न होने की बात आपने ज़ोर देकर रखी। दूसरी ओर समाजसुधारकों की विरासत भी आप ज़ोर देकर बता रहे हैं। सभी समाजसुधारकों ने नैतिक जीवनयापन की ही बात बताई है। लेकिन कुछ साल पहले अंनिस ने 'चलो शनिशिंगणापुर चोरी करने' नाम का उपक्रम खुले तौर पर किया था। समाचार-पत्रों में भी इस बारे में छपकर आया था। इससे क्या आपको यह कहना है कि 'चोरी करना नैतिक है?' और यदि नहीं, तो इस प्रकार की अनीति आप समाज को क्यों सिखाते हैं?

चोरी करना निश्चित तौर पर अनैतिक है। लेकिन शनिशिंगणापुर में चोरी करने सम्बन्धी जब मैंने कहा, तब अच्छा हुआ कि उस समय इलेक्ट्रॉनिक मीडिया नहीं था। नहीं तो यह ब्रेकिंग न्यूज बनती। सच बात तो यह है कि एक पत्रकार ने मुझसे पूछा, 'आप कहते हैं कि, विश्व में चमत्कार नहीं होता लेकिन शनिशिंगणापुर में तो चमत्कार होता है। वहाँ घर के दरवाज़े नहीं हैं। फिर भी यदि चोरी हुई तो चोर या तो अन्धा बनता है या सिरफिरा। इस बारे

में आपके विचार क्या हैं?' मैंने उससे कहा, 'शनिशिंगणापुर में चोरी करने की ज़िम्मेदारी मेरी, मुझे दंड देने की ज़िम्मेदारी शनि की। पुलिस और गाँववाले बीच में न आएँ।' इसे उसने चतुराई से चटपटा शीर्षक दिया, नरेंद्र दाभोलकर ने कहा, 'चलो शनिशिंगणापुर चोरी करने।' अब सीधी-सरल बात यह है कि, चोरी करना बुरा है लेकिन उससे बुरा है भ्रम फैलाना। शनिशिंगणापुर में यदि सचमुच चोरी नहीं होती तो मैं यही कहता कि, भले ही वह अन्धविश्वास हो लेकिन चोरी न होना महत्त्वपूर्ण है।' लेकिन शनिशिंगणापुर पुलिस की डायरी में आप को चोरी से सम्बन्धित कई सारी शिकायतें दर्ज मिलेंगी। वहाँ पाठशाला के मुख्याध्यापक की समस्या अलग ही है। महत्त्वपूर्ण रजिस्टर यदि बिना ताले वाली अलमारी में रखे तो चोरी होकर नौकरी से हाथ धोने का धोखा और नहीं रखे तो इज़्ज़त का सवाल। इसलिए वह हर रोज़ रजिस्टर अपने घर लेकर जाता है और दूसरे दिन लेकर आता है। यदि शनि के प्रभाव से चोरी नहीं होती, तो ईश्वर के सामने की दानपेटी खुली होनी चाहिए। लेकिन समस्या यह कि, उसे खुली रखने पर पैसों की चोरी और बन्द की तो ईश्वर की महिमा पर प्रश्नचिह्न? इस पर उन्होंने उपाय निकाला। वहाँ एक बहुत बड़ी सन्दूक रखी है। उसमें ताला नहीं है। उसमें बहुत बड़ा सूराख़ रखा गया है। उससे आप पैसे डालें। सन्दूक लबालब भरने पर उसे उलटा किया जाता है। नीचे की ओर लगे नटबोल्ट तथा टीन निकाल कर अन्दर का सभी माल निकाला जाता है और नटबोल्ट तथा टीन लगाकर सन्दूक पहले जैसी की जाती है। क्या यह ईश्वर की श्रद्धा का लक्षण है? इसलिए भ्रम को जाँचना चाहिए। भ्रम और सत्य की जाँच से इनकार कर कोई भी बात आगे नहीं बढ़ पाएगी। इसलिए लोगों की बुद्धि को धक्का देने के लिए हमने वैसे कहा। उसको एक चटपटे और चमकीले वाक्य में रूपांतरित करने के कारण ही यह प्रश्न उपस्थित हुआ।

अब हम यह जान चुके हैं कि आप को ईश्वर का न आधार अच्छा लगता है और न ही डर। लेकिन आम लोगों को ईश्वर पूजा में एक आत्मिक सन्तोष मिलता है। क्या ऐसी मन:शान्ति देनेवाली पूजा का आप और अंनिस विरोध करते हैं? यदि हाँ, तो क्या उनकी मन:शान्ति के लिए आप के पास कोई दूसरा विकल्प है?

पहली बात तो यह कि, ईश्वर पूजा को हमारा विरोध नहीं है। इसका सीधा कारण है, भारतीय संविधान ने हर एक को यह अधिकार दिया है। आपको धर्मपालन, उपासना, पारलौकिक कल्याण, आध्यात्मिक उन्नति जैसे अधिकार संविधान द्वारा प्राप्त हैं। इसी कारण इनका विरोध करना उचित नहीं है। मुझे सिर्फ़ यह प्रश्न पूछना है कि 'मन:शान्ति के लिए या मन अस्वस्थ होने पर आप क्या करेंगे? एक, नींद की गोली लेंगे? दो, एकाध पेग भरेंगे? मन्दिर में जाएँगे या अन्धश्रद्धा निर्मूलन समिति के पास आएँगे?' आप यदि मेरे पास आते हैं तो मैं कहूँगा, 'अरे बाबा, तुम्हारे सिर में दर्द है। दर्द का कारण क्या है? जुकाम हुआ, चश्मे का नम्बर बदल गया, ब्लड प्रेशर बढ़ा है या दिमाग़ में ट्यूमर हुआ है...हम इसकी खोज करेंगे।' आप ने यदि इन सभी बातों से इनकार कर तबीयत को तंदुरुस्त बताया तो मैं कहूँगा कि 'क्या बीबी से झगड़ा हुआ है? लड़के का आचरण ठीक नहीं है? बॉस बहुत तकलीफ़ देता है? मैं जो बताता हूँ उस सबके कार्यकारण को ढूँढ़कर उस पर उत्तर निकालना है।' इसके बदले अगर आप ने कहा, 'कुछ न करें। मन:शान्ति प्राप्त होगी। पीछे सिर्फ़ कथन लगाइए—'डरो मत, मैं तुम्हारे साथ हूँ।' तो ये कैसे सम्भव है। वह क्या कर सकता है? क्या वह आपकी बीवी को शान्त करेगा? बच्चे को सुधारेगा? या आप के बॉस से बात करेगा? याने अपनी समस्याओं के समाधान मुझे ही ढूँढ़ने हैं। बाक़ी सब जाने दीजिए। साने गुरुजी कहते हैं, 'ख़ुद ईश्वर चाहिए क्योंकि मैं आदमी हूँ। मेरे मन में यदि बुरे विचार आए तो मैं ईश्वर से विनती करता हूँ कि, ईश्वर, मेरे मन के बुरे विचारों को दूर करो।' यह सही है। ऐसे कारणों के लिए यदि ईश्वर की मदद लेते हैं तो यह एक दृष्टि से उच्च स्तर की मन:शान्ति है। इसके विरोध का कोई कारण भी नहीं है। लेकिन मन:शान्ति बिगाड़ने वाली सारी चीज़ें कर बाद में ईश्वर से जाकर कहना कि 'हे भगवान, कुछ थोड़ी मन:शान्ति वगैरा दीजिए। आप का जो भी होगा, बाद में उसे पूरा करेंगे', कहाँ तक उचित है?

यानी कुल मिलाकर ईश्वर और धर्म सम्बन्धी आपकी भूमिका अलगाववादी तथा निष्पक्ष है। लेकिन कुछ जगहों पर अंनिस के कार्यकर्ता द्वारा कुछ अलग ही आन्दोलन छेड़े गए हैं। जैसे—'महिलाओं को मन्दिर प्रवेश मिलना चाहिए।' या 'गणेश त्योहार में प्लास्टर ऑफ़ पैरिस की मूर्तियाँ न बनाकर मिट्टी की मूर्तियाँ

बनाई जाएँ।' फिर प्रश्न यह उपस्थित होता है कि, यदि आप तटस्थ हैं तो फिर इस प्रकार की बातों पर ध्यान देने का कारण क्या है?

भारतीय संविधान द्वारा जनता को प्राप्त हक़ धर्म के नाम से न ठुकराए जाएँ या उससे लोगों के लिए विघातक़ बातें न घटित हों, इसके लिए कृतिशील काम करनेवाले लोग हम हैं। हमने शनिशिंगणापुर के चबूतरे पर महिलाओं के प्रवेश के लिए जो सत्याग्रह किया, उस समय इतना तनाव हुआ था कि हमें पुलिस ने नगर में ही हिरासत में लिया। कुछ लोगों ने कहा, 'कैसे हैं आप लोग? जहाँ स्त्रियों को नहीं जाना चाहिए वहीं आप जा रहे हैं। हमारे हिन्दू धर्म को धक्का दे रहे हैं।' भाजपा की एक महिला कार्यकर्ता ने ग्यारह वर्ष बाद कोल्हापुर के अंबाबाई मन्दिर में 'महिलाओं को प्रवेश क्यों नहीं?' कहकर गर्भगृह में प्रवेश किया। यानी आप में समझदारी बाद में आई। इसी कारण प्रश्न यह बनता है कि, यदि सार्वजनिक मेल-मिलाफ की जगह पर सभी जाति-धर्म-लिंग को निरपेक्ष प्रवेश का अधिकार है तो इन्हें रोकने का अधिकार आपको किसने दिया? स्त्री के मन्दिर में जाने या न जाने का निर्णय वह स्वयं करेगी। 'लेकिन तुम स्त्री हो इसलिए गर्भगृह में न जाओ' कहने का अधिकार तुम्हें नहीं है। कुछ समय पहले मैंने बताया कि 'हर साल डेढ़ करोड़ प्लास्टर ऑफ़ पैरिस की गणेश मूर्तियाँ पानी में फेंकी जाती हैं। इस साल मैंने कई नगर महानिगम के आयुक्तों से चर्चा की है। वे सभी कहते हैं कि 'विकल्प के लिए हौद के निर्माण से कोई लाभ नहीं। क्योंकि इस हौद की मूर्तियाँ कहाँ फेंकेंगे?' समस्या तो है। हमने मिट्टी की मूर्तियाँ बनाने का सीधा उपाय सुझाया। इसे सर्वोच्च न्यायालय और केन्द्रीय प्रदूषण मंडल ने भी मान्यता दी। मिट्टी की मूर्ति हौद में फेंकने से वह गल जाती है। घर के टब में छोड़कर उसकी मिट्टी पेड़ों को डालें। सार्वजनिक टब में डालने से, यह मिट्टी सार्वजनिक बगीचे के लिए उपयोगी होगी। ये सीधी-साधी बातें पर्यावरण के लिए पूरक हैं। इसी कारण इन बातों में एक व्यापक परिवर्तन का अर्थ है।

कुछ समय पहले आप महिलाओं के अधिकारों की चर्चा कर रहे थे। लेकिन कुछ लोगों को लगता है कि, धार्मिक विधि करना तथा उससे सम्बन्धित नियम तैयार करना, धर्मशास्त्र का अधिकार है। फिर इसमें दख़लअन्दाज़ी करने का अधिकार अंनिस को किसने दिया?

भारतीय संविधान ने दिया। देखिए, संविधान में वैज्ञानिक दृष्टिकोण को नागरिकों का कर्तव्य बताया गया है। वह क्या है, मैं आप को बताता हूँ। वे शब्द ऐसे हैं—'It is a duty of every indian citizen to promote scientific temperament, spirit and equity, spirit of reform and humanism इनमें केवल वैज्ञानिक दृष्टिकोण के प्रचार की बात नहीं की है। वैज्ञानिक दृष्टिकोण के साथ 'आप धर्मचिकित्सा करें, जिससे मानवतावाद की जीत होगी' यह बात भी सम्मिलित है। आज आप स्त्री-भ्रूण हत्या की चर्चा करते हैं जो सही है। लेकिन मुझे इस बात का भरोसा है कि, आज भी लड़की का कन्यादान होता है। मूलतः कन्या दान देने की चीज़ नहीं है। वह एक स्वतंत्र व्यक्ति है। यदि लड़की की माँ नहीं है तो उसका पिता कमर पर सुपारी खोंसकर कन्यादान करता है और यदि लड़की का पिता नहीं रहा, तो कन्यादान कौन करता है? मामा या भाई। बच्ची को नौ माह तक पेट में कौन सँभालता है? माँ। फिर यह उसका अधिकार है। यानी मूलतः कन्यादान न करें, फिर भी करना ही है तो यह अधिकार माँ को मिलना चाहिए। यह विधायक धर्मसमीक्षा है। यही सुधारवाद है। 'यह लोगों को बताइए' ऐसा संविधान में कहा गया है।

सन्त तुकाराम ने कहा है—'तीर्थी धोंडा पानी। देव रोकड़ा सज्जनी।' अरे, तीर्थों पर ईश्वर नहीं पत्थर और पानी होता है, ईश्वर सज्जनों में बसता है। यदि आप को असली ईश्वर से साक्षात्कार करना है तो 'रोकड़ा सज्जनी' याने भले आदमी से मिलिए। फिर भी आप एक शगुन (सिंहस्थ कुम्भ मेला) पर गोदावरी में डुबकी लगाकर स्वयं के पापों का बारह वर्षों का बैंक बैलेन्स क्लिअर करने के लिए रुपयों को स्वाहा करते हो। इस बारे में बोलेंगे नहीं, इसकी समीक्षा नहीं करेंगे तो क्या करेंगे? मूलतः हम धार्मिक विधि के ख़िलाफ़ नहीं हैं, लेकिन जब यह बात संविधान स्वातंत्र्य की मर्यादा को लाँघती है, वहीं हम विरोध करेंगे ही। यदि एकाध मनुष्य ने कहा कि 'मैं दिन में तीन बार नहाता हूँ' तो अधिक से अधिक मैं उससे यही कहूँगा कि 'पानी की उपलब्धि देखो, फिर भी तीन बार तुम्हें नहाना है तो ठीक है। यह तुम्हारा धार्मिक अधिकार है। इससे मेरा कोई लेना-देना नहीं।' लेकिन जब आप इसे सार्वजनिक जीवन में लाते हैं, उसे शोषण और विषमता का अंग बनाते हैं, उस समय संघर्ष अनिवार्य है।

आप कुम्भ मेले के विरोध में हैं यह बात समझ में आई, इसलिए एक सवाल... पंढरपुर की यात्रा पिछले कई सालों से चर्चा में है। अब तो शहरी लोगों के मन में भी बारी को लेकर सवाल उठने लगे हैं। अंनिस की इस यात्रा के बारे में निश्चित भूमिका क्या है? यात्रा विश्वास है या अन्धविश्वास? यदि यात्रा विश्वास है तो अंनिस के कार्यकर्ता उसमें शामिल क्यों नहीं होते? और यदि वह अन्धविश्वास लगती है तो आप उसका विरोध क्यों नहीं करते?

बहुत अच्छा प्रश्न है। इसके उत्तर के लिए हम कुछ समय पहले की गई विश्वास की परिभाषा से शुरुआत करेंगे। मैंने कहा था कि 'उत्कटता से कृतिशील बनी विवेकशक्ति 'विश्वास' है। इनमें से उत्कटता और कृतिशीलता ये दोनों कसौटियाँ यात्रा पूरी करती हैं। सभी विठ्ठल भक्त बिना बुलाए, अपने ख़र्चे से, समस्याओं को सहकर, बारिश और कीचड़ में चलते हैं। असुविधा में भी निवास करते हैं। विठ्ठल से कोई भी मन्नत नहीं माँगता। भीड़ के कारण अगर ईश्वर की मूर्ति का दर्शन नहीं हुआ तो लोग मन्दिर के कलश का दर्शन कर वापस लौटते हैं। ये सभी बातें 'उत्कट कृतिशीलता' का पूर्वार्ध है। अब महत्त्वपूर्ण शब्द रह गया है—'विवेकशक्ति'। मूल्यविवेक को उन्नत करनेवाला 'विश्वास' है। यात्रा शुरू क्यों हो गई? जिस समय बारी शुरू हुई, उस समय महाराष्ट्र में सभी ओर विषमता थी। आपका पहनावा, आपका खाना, तथा बाह्यांग लक्षणों से जाति-उपजाति का पता चलता था। अब इस पर वैष्णव भक्तों का कहना है कि 'यह हम सब मिटाते हैं। जिसके माथे पर तिलक है, जिसके गले में तुलसी माला है, जो 'गोपालकाला' करने को तैयार है, जो ज्ञानेश्वर माउली और तुकाराम को अपनाता है, वह वैष्णव है।' याने 'विष्णुमय विश्व। वैष्णव धर्म॥ भेदाभेद भ्रम। अमंगल॥' इसी कारण यात्रा में हर कोई एक-दूसरे के पैर छूता है और 'माउली' कहता है, यह तो आप जानते होंगे। चंद्रभागा (नदी) की रेत में वे सब मगन होकर नाचते हैं। यहाँ से विश्वास का असली क्षेत्र शुरू होता है। लेकिन यह सब पंढरपुर तक ही सीमित रहता है। यानी हमें ऐसा सोचना चाहिए था कि, इतना बड़ा वैष्णव सम्प्रदाय, जो जाति-धर्म के परे है तो गाँव-गाँव में इस वैष्णव सम्प्रदाय में बड़ी मात्रा में अन्तरजातीय विवाह होने चाहिए थे। वे क्यों नहीं हुए? ठीक है, नहीं हुए। आज हम अन्तरजातीय विवाह कराते हैं। कम से कम हमारी तो सहायता करते। चलो ठीक है। आज भी अछूत लोग गाँव

से बाहर कैसे? वे गाँव में क्यों नहीं आए? इसे भी रहने दीजिए। यात्रा शुरू होने के चार सौ साल बाद फुले और पाँच सौ साल बाद आंबेडकर ने जन्म लिया, उनका इतना विरोध क्यों हुआ? इसलिए यात्रा समता की लड़ाई की ओर उठाया गया कदम है, लेकिन इसे 'विश्वास' तक पहुँचाने के लिए भागवत् सम्प्रदाय को इस समता की लड़ाई में पूरे जोर-शोर से ताक़त लगानी होगी।

आप यह समता की लड़ाई अंनिस के कार्यकर्ताओं के साथ क़रीबन पच्चीस सालों से लड़ रहे हैं। लेकिन बाहर एक अलग ही माहौल नज़र आता है, जिस पर एकमत होगा ही ऐसा नहीं। बहुत बड़े समूह को लगता है कि, एक ओर आप अपने आन्दोलनों से बाबाओं का असली रूप जनता के सामने ला रहे हो, वहीं दूसरी ओर बुवा तथा बाबाओं के साथ-साथ धार्मिक स्थलों की संख्या बढ़ रही है, उनके आगे लोगों की लम्बी कतारें लग रही हैं। यह विसंगति कैसे?

> **"आप विश्व के इतिहास को देखेंगे या नहीं? लोगों ने किस आधार पर विकास किया? क्या अन्धविश्वास को अपनाकर? सावरकर ने कहा था कि 'धर्मभेद और धर्मांधता को नष्ट करनेवाली शक्ति विज्ञान है।"**

मैंने कुछ समय पहले आपसे कहा कि, अंनिस के आन्दोलन की चौथी महत्त्वपूर्ण इकाई है—'व्यापक परिवर्तन के आन्दोलन से अपने आप को जोड़न।' आप यह सीधी बात समझ लीजिए कि, अंनिस का आन्दोलन मुश्किल से पच्चीस साल का है और बाबा-बुवाओं को आधार देनेवाली व्यवस्था पाँच हज़ार सालों की। इतने सालों से लोगों के दिमाग़ में अन्धविश्वास की कीलें इतनी मजबूती से ठोक दी गई हैं कि, सिर्फ़ पच्चीस सालों में और प्रतिकूल परिस्थिति में क्या उसे निकालना सम्भव है? नहीं। फिर हम क्या करना चाहते हैं? हम व्यक्ति और व्यवस्था में बदलाव की अपेक्षा रखते हैं। व्यवस्था परिवर्तन की लड़ाई को 'राजनीति' कहते हैं। उसमें आज 'अंनिस' नहीं है लैकिन मैं धैर्य से कहूँगा कि 'हम इस राजनीति की जड़ तक जा रहे हैं।' यानी हम अच्छे अर्थ से राजनीति

कर रहे हैं। जनतंत्र में राजनीति का मूलाधार क्या है? हर एक व्यक्ति को वोट का अधिकार। डॉ. आंबेडकर ने कहा था कि 'One man, one vote, one value.' हर एक को वोट का अधिकार है, क्योंकि उसका एक मूल्य है। आज लोग जो वोट देते हैं, क्या उसका आधार व्यक्तिगत जीवनमूल्य है या पैसा, जाति, सत्ता या गुंडागर्दी? कई लोगों का विवेक आज गिरवी पड़ा है। व्यवस्था परिवर्तन के लिए, लोकतंत्र की सफलता के लिए, व्यापक परिवर्तन और अन्धविश्वास उन्मूलन की लड़ाई की सफलता के लिए हमें व्यक्ति में परिवर्तन लाना चाहिए। इस व्यक्ति परिवर्तन की राह डॉ. बाबासाहब आंबेडकर ने बताई है—'ग़ुलाम को ग़ुलामी का एहसास करा दीजिए, वह उसके ख़िलाफ़ खड़ा हो जाएगा।' आज इसके बिल्कुल विपरीत चल रहा है। 'ग़ुलाम को ग़ुलामी का एहसास मत कराइए।' क़रीबन सभी गाँवों में नगर निगम के सदस्यों का लोकोपयोगी कार्यक्रम क्या है? ख़ुद के ख़र्चे से लोगों को धर्म-स्थलों की यात्रा पर भेजना। अर्थात् लोग उससे वार्ड के रास्ते और पानी की समस्या पर प्रश्न न करें। वह उन्हें अष्टविनायक की सैर कराएगा।

एक बहुत ही सुंदर पंक्ति है—'विचार जब जन समूह पर अपनी पकड़ जमाते हैं तो वे भौतिक शक्ति बनते हैं।' भौतिक शक्ति केवल बिजली के 440 वोल्ट में ही नहीं रहती। आज ग़लत विचारों ने लोगों के मन को जकड़ा है। इसलिए बुवा-बाबाओं की संख्या बढ़ रही हैं। कल यदि विवेकी विचारों ने लोगों के मन को जकड़ लिया तो पाँच-हज़ार सालों की इस अविवेकी व्यवस्था की लड़ाई को हम पाँच सौ सालों में जीत सकेंगे।

अब तक बीस प्रश्न पूरे हुए हैं। बचे समय में हम और चार-पाँच सवाल ले सकते हैं। अब जो पाँच प्रश्न मेरे सामने हैं, वे अन्धविश्वास को न माननेवाले लोगों की ओर से हैं। उनमें से प्रमुख सवाल है—ईश्वर और धर्म ही सभी अन्धविश्वासों का कारण है या यही सभी अन्धविश्वासों का मूल है? लेकिन अंनिस इसके ख़िलाफ़ कठोर भूमिका नहीं लेता। डॉ. श्रीराम लागू अंनिस के मंच पर कई बार आए हैं। उनकी भूमिका अधिक कठोर थी। वे कहते कि 'ईश्वर ही सबसे बड़ा अन्धविश्वास है। सबसे पहला प्रहार उस पर ही कीजिए।' लेकिन आप ऐसा नहीं करते ऐसा क्यों?

आप का कहना बिल्कुल सही है। डॉ. लागू के विचारों से मैं सहमत नहीं, इसलिए हम 'विवेक जागृति के प्रकट वाद-संवाद' कार्यक्रम चलाते थे। इसका बिल्कुल संक्षेप में उत्तर दिया जा सकता है। पहला, अगर संविधान व्यक्ति को ईश्वर और धर्म को अपनाने की आज़ादी देता है तो मुझे यह कहने का अधिकार नहीं कि 'ईश्वर और धर्म को नकार कर ही अन्धविश्वास का उन्मूलन होगा।' दूसरा, हर कोई मुझे आकर कहता है कि 'ईश्वर और धर्म को नकारकर अन्धविश्वास का उन्मूलन होगा लेकिन इसमें से मेरे धर्म को अलग रखिए।' हर एक का यही कहना है कि 'अन्य सभी धर्म अन्धविश्वास को अपनानेवाले हैं लेकिन मेरा धर्म मात्र अन्धविश्वास का उन्मूलन करनेवाला है।'

इसलिए कृपा कर हमारे कार्य को समझ लीजिए। हम जानते हैं कि, हमें अन्धविश्वास की बहुत लम्बी-चौड़ी राह चलना है, जिस पर ईश्वर और धर्म की बड़ी-बड़ी इमारतें खड़ी हैं। लेकिन हम इनका विरोध नहीं करते। क्योंकि जिस राह पर आप जानेवाले हो उस पर अन्धविश्वास के नाम से, उसके सहारे आए कई गड्ढे, पत्थर, काँटे, जंगली जानवर हैं।...उन्हें दूर हटाना हम महत्त्वपूर्ण मानते हैं। लेकिन आप ने यदि मुझसे कहा कि 'यह सारा रास्ता आप साफ़ कीजिए।' तो हमसे वो सभी पत्थर हटाये नहीं जा सकते। सभी गड्ढे साफ़ नहीं किए जा सकते और सभी जंगली जानवरों का इन्तज़ाम नहीं किया जा सकता। इसलिए हम आपके हाथों में छोटी 'चिकित्सा' की बैटरी देकर इतना ही कहेंगे कि 'देखिए, आप जिस राह पर चलनेवाले हैं, उसके बायीं ओर देवताओं के मन्दिर हैं। आपको ईश्वर की ओर जाना है या नहीं, यह आप तय करें। लेकिन कम से कम गड्ढे में मत गिरें। उन जंगली जानवरों से सावधानी बरतें। पैर में काँटा न चुभने की सावधानी बरतें। पत्थर पर सिर न पटकें। इस पर भी आपने कहा कि 'नहीं, इस गड्ढे में ही मुझे मूर्ति से साक्षात्कार होनेवाला है, गुप्तधन मिलनेवाला है,' तो आपको गड्ढे में गिरकर पैर तुड़वा लेने का पूरा अधिकार है। इसके लिए हम कुछ नहीं कहेंगे।'

अब इसमें से अन्तिम महत्त्वपूर्ण मुद्दा यह कि, धर्म एक शक्ति है। धर्म में चार बातें होती हैं—एक—शोषण, दो—पुरोहितशाही, तीन—तत्त्वज्ञान और चार—नीति। धर्म का सबसे महत्त्वपूर्ण हिस्सा यह है कि धर्म यह विश्वास दिलाता है कि, अन्तिम जीत माँगल्य की ही होगी। हममें से हर एक को लगता है कि

'आज नहीं, पर अन्तिम जीत माँगल्य की ही होनी चाहिए।' इसके लिए धर्म आपको शक्ति देता है। तुकाराम महाराज यदि ऐसे कहते होंगे कि...

जे का रंजले गांजले। त्यासी म्हणे जो आपुले।
तोचि साधू ओळखावा। देव तेथेचि जाणावा॥ (मराठी)

जो दीन, दलित, पीड़ितों की सेवा कर उन्हें अपनाता व मानता है, वही सच्चा साधु है। उसमें ही ईश्वर को देखना चाहिए। तो तुकाराम से पंगा लेने की कोई वजह नहीं है? मुझे अन्धविश्वास का उन्मूलन करना है, न कि ईश्वर और धर्मश्रद्धाओं का। इन दोनों के अन्तर को व्यवस्थित समझकर जिस अर्थ में हमने पच्चीस साल तक आन्दोलन छेड़ा है, तो डॉ. लागू के प्रश्नों का हमने व्यावहारिक उत्तर भी दिया है।

हम देखते हैं कि आजकल कई बुवा-बाबा अच्छी तरह से पैसा कमा रहे हैं। इन पैसों से वे कई समाजोपयोगी कार्य भी करते देखे हैं। जैसे—अस्पताल या शिक्षा संस्थानों का निर्माण...अब लोग सोचते हैं कि 'ठीक है, बाबा थोड़ा-बहुत ढोंग भी करते होंगे' लेकिन उन्हें मिलनेवाले पैसों से समाज का भी भला होता है तो अंनिस इसका विरोध क्यों करती है?

ऐसा है कि बाबा लोग थोड़ा-बहुत नहीं बल्कि ज़्यादातर ढोंग ही करते हैं। काम बहुत कम करते हैं। असली समस्या यही है। सत्यसाईं बाबा ने बड़ी मात्रा में अस्पताल खोलें, पानी की व्यवस्था की, अच्छे शिक्षा संस्थान खोलें। इन सभी के लिए चार सौ करोड़ रुपए ख़र्च किए। लेकिन उनकी मृत्यु के समय ज़ाहिर हुआ कि उनकी कुल जायदाद चालीस हज़ार करोड़ की थी। अब जिसे चालीस हज़ार करोड़ रुपये मिलते हैं, उसे इतनी तो समझदारी होनी चाहिए कि उसमें से एक प्रतिशत रक़म समाजकार्य में लगाए। कल अगर आपको एक करोड़ रुपए मिले तो आप सभी पैसे बैंक में जमा नहीं करेंगे। लोगों को पता चलेगा, इस डर से लाख-दो लाख रुपए समाजकार्य के लिए ख़र्च कर बाक़ी पैसे बैंक में जमा करेंगे।

दूसरी बात यह है कि, ये सभी बाबा जो समाज उपयोगी कार्य करते हैं, इनसे हज़ार गुना ज़्यादा काम किसी भी राज्य की सरकार करती है।

"अध्यात्म चार-साढ़े चार हज़ार सालों में कुछ कर नहीं पाया। इसी कारण विज्ञान का जन्म हुआ और उसने चार-साढ़े चार सौ सालों में सब कुछ कर दिखाया। वास्तविकता बिल्कुल विपरीत है, जहाँ अध्यात्म ख़त्म होता है, वहीं से विज्ञान शुरू होता है।"

लेकिन इस पर आपकी टिप्पणी होती है कि 'वे हमारे ही पैसों से काम करते हैं, हम पर एहसान नहीं करते।' तो फिर बाबा किसके पैसों से करते हैं? आप पाँच साल बाद सरकार से प्रश्न पूछते हैं—'आपको वोट दिया था। पर्याप्त मात्रा में काम नहीं किया तो आपकी कुर्सी छीन लेंगे। किसी नए आदमी को बैठाएँगे।' यही प्रश्न बाबा से पूछते हो क्या? याने आप हज़ार गुना ज्यादा काम करनेवाले सरकार की समीक्षा करेंगे लेकिन बाबा की समीक्षा करते समय आप की जिव्हा कमज़ोर पड़ती है। इसी कारण बाबाओं द्वारा किए गए काम एक प्रकार से, अप्रत्यक्षतः, मानसिक ग़ुलामी के निर्माण का साधन हैं। इसे ध्यान में लेकर सीमित अर्थ से जो कार्य लोगों के हित में है उसे अच्छा मानना चाहिए। लेकिन इसका व्यापक दायरा ध्यान में लेना चाहिए।

अंनिस के आन्दोलन के बारे में समाज के सभी वर्गों से कभी-कभी यह आशंका जतायी जाती है कि 'अंनिस केवल हिन्दू धर्म के अन्धविश्वासों पर टीका-टिप्पणी करता है। अन्य धर्म के अन्धविश्वासों पर नहीं बोलता या कभी-कभार ही बोलता है। क्या अंनिस उनसे डरता है या अन्य धर्मों में अन्धविश्वास नहीं हैं?'

पहली बात यह कि इस प्रश्न का उत्तर मेरी 'भ्रम और निरास' इस पहली किताब में ही दिया गया है। दूसरी बात यह कि आजकल महाराष्ट्र में यह प्रश्न बहुत कम पूछा जाता है लेकिन आपने पूछा ही है तो थोड़े विस्तार से बताता हूँ। एक—अन्धविश्वास विश्वास के क्षेत्र में काला-बाज़ार होता है। काला-बाज़ार करनेवालों की जाति या धर्म पूछा नहीं जाता। इसलिए अंनिस ने सभी जाति-धर्म के अन्धविश्वासों का विरोध किया है। इसके कई सारे प्रमाण हमारी किताबों तथा पत्रिकाओं में उपलब्ध हैं। दो—इस देश की 82% आबादी हिन्दू है। यदि मेरे पास अन्धविश्वास की 100 शिकायतें आती हैं तो उसमें से 82 शिकायतें हिन्दू धर्म से सम्बन्धित होती है। इसी कारण हमारा अन्धविश्वास उन्मूलन का

कार्य हिन्दू धर्म में ही अधिक होगा। तीसरा—धर्म को छोड़ दीजिए, आज किसी की जाति में स्थित अन्धविश्वास पर बात करना भी अखरता है। ब्राह्मणों को जनेऊ पर की गई बातचीत अच्छी नहीं लगती। विधवा बेटी की शादी की चर्चा मराठों को अच्छी नहीं लगती। मेले में होनेवाली पशु हत्या पर पूछा जाए तो चरवाहे को ग़ुस्सा आता है। मतलब जहाँ जाति में स्थित अन्धविश्वास पर प्रश्न पूछना अच्छा नहीं लगता, वहाँ दूसरे धर्म के लोगों द्वारा पूछे गए प्रश्न कैसे अच्छे लगेंगे? स्वाभाविक रूप से 82% अन्धविश्वास यदि हिन्दू धर्म में हैं, उसी प्रकार 82% कार्यकर्ता भी हिन्दू धर्म से आए होंगे। पर ये तो शुरुआती कारण है। इससे महत्त्वपूर्ण कारण यह है कि मेरे पास अन्धविश्वास उन्मूलन की साढ़े तीन हज़ार सालों की परम्परा है। ध्यान दीजिए...साढ़े तीन हज़ार साल...जब विश्व में कोई धर्म नहीं था। तीन से साढ़े तीन हज़ार का समय चार्वाक का है। एक बार उन्होंने ब्राह्मणों को भोजन पर बुलाया। स्वादिष्ट पकवान बनाए। स्वयं नीचे बैठ गए। ब्राह्मणों को पहली मंजिल पर बिठाया। ये नीचे बैठकर पकवान का मज़ा लेने लगे। ऊपर बैठे ब्राह्मणों को खाना ही नहीं परोसा। वे क्रोधित हुए। नीचे आकर चार्वाक से कहने लगे, 'यह कौन सी रीत है? आपने हमें खाने पर बुलाया। आप नीचे आराम से खा रहे हैं और हमें ऊपर ख़ाली पेट रखा है।' चार्वाक ने कहा, 'इसमें मेरा कोई दोष नहीं है। मुझे ऐसा लगा कि यहाँ परोसा गया खाना यदि आप स्वर्ग में देवताओं तक पहुँचाते हैं, तो पहली मंज़िल तक निश्चित ही ले जा सकते हो।' साढ़े तीन हज़ार साल पूर्व की चिकित्सा की परम्परा मुझे मिली है तो क्या मुझे उसका प्रयोग नहीं करना चाहिए?

हाल ही की सावरकर की परम्परा आपको बताता हूँ। सावरकर की बात कहने पर लोगों को अच्छा लगता है। लेकिन दाभोलकर की बात कहने पर पीटने की नौबत आएगी। सावरकर ने कहा था कि 'आपका मानना है कि गाय के पेट में 33 करोड़ देवता रहते हैं। उस बेचारी गाय के पेट में बहुत ही भीड़-भाड़ होती होगी। जगह न होने के कारण बेचारे देवता गाय के सींग की नोक से लेकर उसकी पूँछ के सिरे तक, जहाँ जगह मिले, वही चिचड़े की तरह चिपक गए होंगे। ऐसी देवताओं से लबालब भरी वह गोमाता एक गोभक्त किसान के खेत में जाकर फसल खाने लगती है। खेत में खड़ा किसान अपने हाथ के डंडे से गाय की पीठ पर प्रहार करता है। याने गाय की पीठ पर बैठे सौ-डेढ़ सौ

देवताओं का वह ख़ात्मा करता है।' इसलिए सावरकर आगे कहते हैं कि 'एकाध बार इस देश में थोड़ी बहुत गोहत्या चलेगी, लेकिन विचारों की हत्या मात्र कभी भी नहीं होनी चाहिए।'

अब हम क्या करते हैं एक वाक्य में बताना हो तो 'महाराष्ट्र के समाजसुधारकों के विचारों की विरासत को आगे बढ़ाने का काम करते हैं।' मुझमें और मेरे आन्दोलन में इतनी क्षमता नहीं है कि, इस पूरी विरासत को हम आगे ले जाएँ। लेकिन महाराष्ट्र में समाजसुधारकों की लम्बी परम्परा है। लोकहितवादी महात्मा फुले, सावित्रीबाई, न्यायमूर्ति रानडे, विठ्ठल रामजी शिंदे, गोपाल गणेश आगरकर, शाहू महाराज, तुकडोजी महाराज, गाडगेबाबा, डॉ. बाबासाहब आंबेडकर, सावरकर, प्रबोधनकार ठाकरे...यह इतनी बड़ी परम्परा...तथा इन सभी द्वारा लिखा गया वाङ्मय उपलब्ध है।...इनमें से एक भी समाजसुधारक ने मुसलमानों के अन्धविश्वास या अन्य धर्मों के अन्धविश्वास पर एक वाक्य तक नहीं लिखा। क्यों? इतने व्यापक साहित्य में मुसलमानों के अन्धविश्वासों पर न लिखने के दो कारण हैं—

पहला—वे डर गए थे। उस समय तो देश में मुसलमानों की आबादी 30 प्रतिशत थी। देश का विभाजन नहीं हुआ था। हमें लगता है कि समाजसुधारक तो निडर थे, वे क्यों डरेंगे? दूसरा—मुसलमानों के अन्धविश्वास को दूर न करने पर होने वाले धोखे से वे अनजान थे। याने उनकी प्रतिभा कम पड़ गई। अब ये लोग तो महामानव थे। उनकी प्रतिभा को हम सलाम करते हैं। फिर उन्होंने ऐसा क्यों किया? इसके पीछे एक सीधा कारण और विचार है। समझ लीजिए कि एक बहुत बड़ी हवेली है। उसमें दस दालान है। हम ऐसा मानेंगे कि हर एक दालान में दस-दस करोड़ लोग हैं। इसमें से सात दालान हिन्दुओं के हैं और तीन दालान बाक़ी धर्मों के। सभी दालानों में घना अँधेरा है। उन्होंने सोचा कि 'चलो, सात दालानों में उजाला लाते हैं, जिससे सात दालानों के लोगों को उजाला मिलेगा। अब सोचिए कि 'उस उजाले की एक किरण बाहर जाएगी या नहीं? सामनेवाले लोग उजाले से परिचित होंगे कि नहीं? 'हमारे यहाँ भी उजाला आए' ऐसी अपेक्षा वे भी रखेंगे या नहीं? इसके बदले प्रश्न पूछनेवाले कहते हैं कि 'हमारी ओर अँधेरा है, उनकी ओर अँधेरा रहते हुए हमें प्रकाश नहीं चाहिए।' याने आपका स्वार्थ अँधेरे से जुड़ा है। आपको लगता है कि लोग अँधेरे में ही रहें। 'हम भी अँधेरे में रहेंगे और आप भी' यह मतलबी मानसिकता समाज को आगे नहीं ले जाएगी।

परसों एक आदमी ने मुझसे पूछा कि 'आप केवल हिन्दू धर्म में स्थित अन्धविश्वासों का ही उन्मूलन क्यों करते हो?' मैंने उससे कहा कि 'मेरा और सामनेवाले का घर एक ही समय में जल रहा है तो सामान्यतया कोई भी आदमी सबसे पहले अपना ही घर बचाता है।' बात उसकी समझ में नहीं आई। उसने पूछा, 'मतलब?' मैंने कहा, 'यह सरल है।' उसने कहा, 'आप हिन्दू कैसे?' मैंने कहा, 'जैसे आप हैं। आप हिन्दू हुए, इसमें आपके माँ की कोख से जन्म लेने से अधिक किसी की भूमिका है? आपने हिन्दू बनकर जन्म लिया और जीवन भर धर्म नहीं बदला। मैंने भी हिन्दू माँ की कोख से जन्म लेकर धर्म नहीं बदला। मेरा धर्म भी हिन्दू ही है। फिर मैं अपने घर के जलने की बात करता हूँ तो आपका क्या बिगड़ता है? आप इसलिए परेशान हैं कि आपको एक ओर लोगों को सजग करनेवाले आन्दोलन के प्रति लोगों के मन में भेद निर्माण करने की इच्छा है। और दूसरी ओर आप लोगों को बताते हैं कि, अंनिस केवल हिन्दू धर्म में व्याप्त अन्धविश्वासों का उन्मूलन कर रहा है। इससे हिन्दुओं के अन्धविश्वासों का उन्मूलन होगा और अन्धविश्वासों से रहित हिन्दू कमज़ोर बनेंगे। अंनिस मुसलमानों के अन्धविश्वासों का उन्मूलन नहीं करेगा। इससे अन्धविश्वासी मुसलमान कट्टर बन जाएँगे।

"कोई एक आदमी आकर उस पूरे कूड़े के ढेर को साफ़ करता है, हटाता है। दूसरा कोई आकर उस साफ़ हुई जगह पर फूलों के चार पौधे लगाता है। अब इसमें महत्त्वपूर्ण काम किसका? पहले का या दूसरे का? पहले का। अंनिस का कार्य पहलेवाले मनुष्य का कार्य है। एक ओर से यह निश्चित ही सकारात्मक है।"

और इस देश में हिन्दू-मुसलमानों के बीच झगड़ा हुआ तो हिन्दुओं का क्या होगा? आप विश्व के इतिहास को देखेंगे या नहीं? लोगों ने किसके आधार पर विकास किया? क्या अन्धविश्वास को अपनाकर? सावरकर ने कहा था कि 'धर्मभेद और धर्मांधता को नष्ट करनेवाली शक्ति विज्ञान है। इसे यदि आप अच्छी तरह से समझ लेते हैं तो आप यह समझेंगे कि यह आरोप हास्यास्पद है तथा हेतु रहित भी। साथ ही अंनिस के समाजोपयोगी कार्य से पैदा हुए डर से आया है।

आजकल एक मशहूर कथन सुनने में आता है। इसे कहनेवालों में अभी आपने जिन सावरकर का ज़िक्र किया, उनके अनुकरणकर्ता संख्या में अधिक हैं। साथ ही व्यक्तिगत जीवन में अन्धविश्वास को न माननेवाले भी हैं। वह कथन है—'जहाँ विज्ञान का अन्त होता है या विज्ञान का क्षेत्र समाप्त होता है, वहाँ अध्यात्म का क्षेत्र शुरू होता है।' इस बारे में बताइए...।

ऐसा है कि आपने अध्यात्म की परिभाषा नहीं की है। लेकिन उस पर मैं अभी नहीं बोलूँगा। अध्यात्म शब्द का अर्थ है—'अधि आत्मन् इति अध्यात्मः।' पहले आत्मा का विचार करना ही अध्यात्म का विचार है। असल में मुझे अध्यात्म पर चर्चा करने की आवश्यकता ही नहीं है क्योंकि आत्मा नाम की कोई चीज़ नहीं होती है। लेकिन मुझे और मेरे कार्यकर्ताओं से यह प्रश्न पूछा जाता है, इसलिए बताता हूँ। मैंने यदि ऐसा कहा कि जहाँ पुणे की सीमा ख़त्म होती है वहीं से मुंबई की सीमा आरम्भ होती है। या इसे पलटकर भी कहा जा सकता है कि जहाँ मुंबई की सीमा ख़त्म होती है, वहीं से पुणे की सीमा आरम्भ होती है। थोड़ी देर पहले हमने कॉपर्निकस से शुरू होनेवाला छह सौ वर्षों का विज्ञान का इतिहास देखा। उसके पूर्व विज्ञान नहीं था बल्कि केवल अध्यात्म ही था। इस पाँच-दस हज़ार सालों के अध्यात्म ने न तो सेहत की समस्या मिटाई, न भूख की समस्या और न ही सम्पर्क साधनों की सुविधा दी। अध्यात्म चार-साढ़े चार हज़ार सालों में कुछ कर नहीं पाया। इसी कारण विज्ञान का जन्म हुआ और उसने चार सौ-साढ़े चार सौ सालों में वह सब कुछ कर दिखाया। वास्तविकता बिल्कुल विपरीत है, जहाँ अध्यात्म रुकता है, विज्ञान वहीं से शुरू हो जाता है।

इस सम्बन्ध में सूत्र रूप से एक मिनट में आपको समझाता हूँ। वास्तविक तौर पर 'विज्ञान' बुद्धि की कसरत है और अध्यात्म 'नैतिकता' की। इसी कारण मनुष्य को सदाचारी बनानेवाली धारणा याने अध्यात्म है। इसके बारे में आप की राय क्या है? यदि ऐसा कोई पूछे तो मुझे उनसे कुछ भी नहीं कहना है। पर ऐसा नहीं होता है। समस्या यही है। दो बाबा थे—एक सत्यसाईं बाबा और दूसरे गाडगेबाबा। पहले की सम्पत्ति थी चालीस हज़ार करोड़ की। अनपढ़ गाडगेबाबा ने पाई-पाई का हिसाब रखकर, करोड़ों रुपए कमाकर समाज के लिए ख़र्च किए। अन्त तक उनकी सम्पत्ति थी—सिर पर भीख माँगने का

खपरैल का ठीकरा, हाथ का डंडा और फटे कपड़े। तो आप बताइए कि ज़्यादा अध्यात्मिक कौन थे? सत्यसाईं बाबा या गाडगेबाबा? याने इस बात को ध्यान में रखिए कि 'लौकिक सुख से परे जीवन का एक श्रेयस है और लौकिक सुख से उसके अनंत गुना महत्त्वपूर्ण होने का एहसास जिसे होता है, या जो इसे आचरण में लाता है, वहीं अध्यात्म श्रेष्ठ है। इसी प्रकार से जो लोग संयमी, सन्तोषी, सदाचारी, सरल, अपरिग्रही होते हैं, करुणा से मानव उपयोगी कार्य करते हैं, और जिनके जीवन में पावित्र्य और चारित्र्य होता है, ऐसे लोगों को अध्यात्मिक कहने में मुझे कोई आपत्ति नहीं है। लेकिन जिस अध्यात्म की प्रशंसा की जाती है, वह सच्चा अध्यात्म है। उसने मनुष्य की कोई भी समस्या दूर नहीं की है, यह सही है। इसलिए वैज्ञानिक दृष्टिकोण और विज्ञान को जन्म लेना पड़ा।

अब तक आपने चौबीस सवालों के जवाब दिए हैं। पहला प्रश्न था, 'वैज्ञानिक दृष्टिकोण क्या है और उसका आग्रह किसलिए?' अभी-अभी मैंने अध्यात्म और विज्ञान से सम्बन्धित चौबीसवां प्रश्न पूछा। अब यह अन्तिम प्रश्न जो छोटे समूह से 'खुसरफुसर' के रूप में सुनने आता है। ये लोग अंनिस और आपके समर्थक हैं। आपके कार्य में इनकी मदद भी मिलती है। पर इन्हें कभी-कभार लगता है कि 'क्या अंनिस जरा ज़्यादा ही नकारात्मक है?' आपकी राय क्या है?

दो बातें हैं। पहली—अंनिस बिल्कुल भी नकारात्मक नहीं है। वह पूर्णतयया सकारात्मक है। उदाहरण से स्पष्ट करना हो तो—मेरे घर के सामने कूड़े का बड़ा ढेर है। उसमें घूस और चूहे रहते हैं। उनसे मच्छर पनपते हैं। सभी ओर कूड़ा-कचरा फैलता है। कोई एक आदमी जाकर उस पूरे ढेर को साफ़ करता है, उसे वहाँ से हटाता है। दूसरा कोई आकर उस साफ़ हुई जगह पर फूलों के चार पौधे लगाता है। इसमें महत्त्वपूर्ण काम किसने किया? पहले ने या दूसरे ने? पहले आदमी ने। इसलिए अंनिस का कार्य पहले वाले मनुष्य का है। एक ओर से देखा जाए तो यह निश्चित रूप से सकारात्मक है।

अब दूसरी बात पर ध्यान में दीजिए—अन्धविश्वास, यह शब्द लोगों को खटकता है। मैंने यदि 'विज्ञान प्रसारक मंडल' नाम से संगठन खोला होता तो कोई कुछ नहीं बोलता। मैं 'अन्धविश्वास उन्मूलन' कहता हूँ। इसमें विश्वास

शब्द के उच्चारण से ही लोगों के मन में 'धर्मविश्वास' शब्द आता है क्योंकि उनका विश्वास धर्म से जुड़ा है। अब मैं 'अन्धविश्वास' कहता हूँ तो उन्हें लगता है कि ये अन्धविश्वास के नाम पर मेरे धर्मविश्वास पर ही बोलेंगे। सतर्क रहें। लेकिन मुझे तो यही करना है। मुझे धर्म की समीक्षा करनी है। संविधान में यही बताया है। मनुष्य उन्नति का इतिहास धर्मविश्वास की चिकित्सा का इतिहास है। इसी कारण एक ओर मुझे धर्मविश्वास की समीक्षा करनी है, वहीं दूसरी ओर अन्धविश्वास के कारण होनेवाला शोषण भी है। अब मैं निश्चित रूप से अन्धविश्वास का उन्मूलन करूँगा।

कई लोग कहते हैं कि 'दाभोलकर, आपका तो ठीक है। जो आप करते हो वह हम नहीं कर पाएँगे।' 'आईबीएन लोकमत' इस समाचार चैनल के एक टॉक टाइम कार्यक्रम में हर बार मुझे यही सवाल पूछा जाता है कि 'दाभोलकर, मैं आपके विचारों से सहमत हूँ, पर घर में किसी को भी मेरी बात नहीं जँचती। यदि घर के लोगों को मैं समझा नहीं सकता तो दूसरों को समझाने का क्या अर्थ?' मेरी दृष्टि से इसका अर्थ है, आप माँ-बाप, पति-पत्नी, भाई-बहन को समझाने के झमेले में न पड़ें। आप स्वयं को बदल सकते हैं या नहीं? बदलाव की अवस्थाएँ हैं—विचार, उच्चार, प्रसार, संगठन, आचरण और संघर्ष। मुझे पता है कि आप आचरण और संघर्ष नहीं कर सकते। उसे मत करें। आप उचित विचार तो कर सकते हैं? बोल सकते हैं? उसका प्रचार कर सकते हैं? सम्भव हो तो संगठन में शामिल हो सकते हैं या नहीं? यदि आपको ऐसा लगा कि 'हाँ, इस देश में जातिनिरपेक्ष और धर्मनिरपेक्ष समाज के निर्माण के लिए अन्तरजातीय विवाह होने चाहिए' (अगर आप के परिवार में ऐसा नहीं रहा हो) तो यह आप बोलेंगे या नहीं? यदि उचित विचार अच्छा लगे तो बोल दीजिए। सम्भव हो तो प्रसार कीजिए। इसके आगे मुमकिन हुआ तो हमारे संगठन में शामिल हो जाइए। हम सब मिलकर काम करेंगे। क्योंकि सभी बदलावों की शुरुआत विचारों के बदलाव से होती है। विचारों को जब मूल्यों का आशय मिलता है तो उसे विवेक कहते हैं। अंनिस का दूसरा नाम 'समाज विवेक को वर्धिष्णु करनेवाला आन्दोलन' है। इन सभी प्रश्नोत्तरों के माध्यम से यह आप तक पहुँचा होगा, ऐसी आशा रखता हूँ। धन्यवाद।